古 潮 新 语 系 列

星辰耿耿，俯视万物转转；
明月千年，映照江河奔腾。
时间宏大而庄严地运行着，
不舍昼夜。
可这浩瀚无边的时空里，
有一个灵魂醒着。
——诗人的灵魂醒着。

易轩

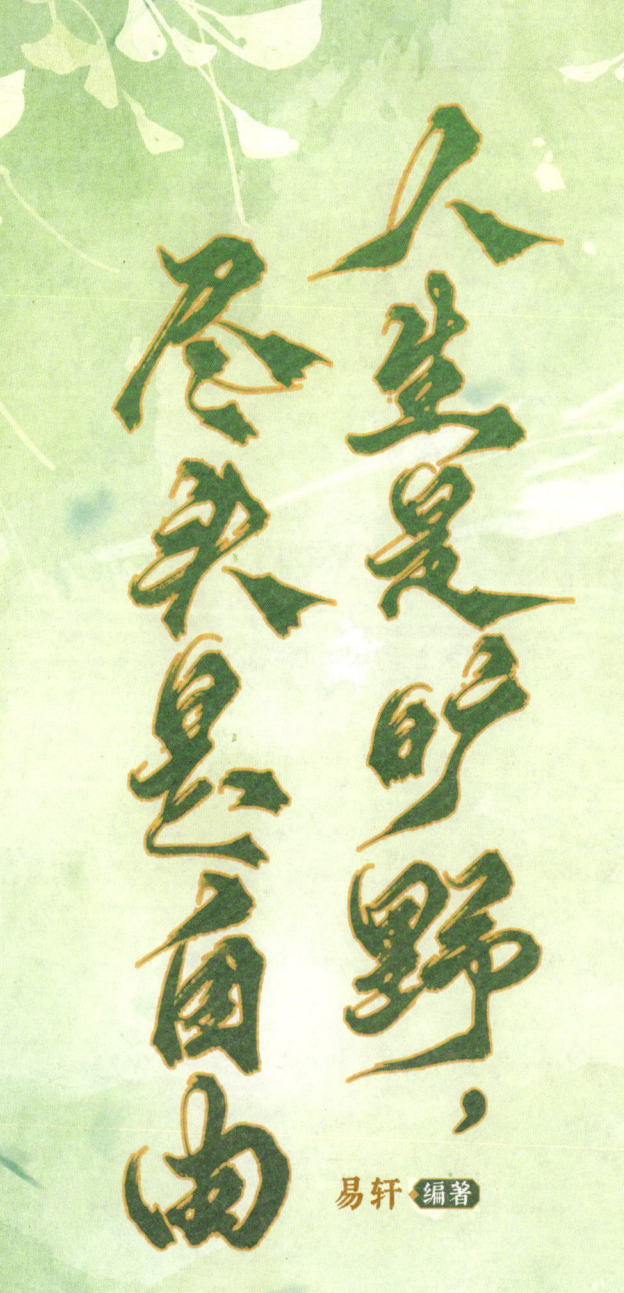

人生是旷野,尽头是自由

易轩 编著

目录

李白	鲲鹏与我,扶摇直上	010
李贺	天上房星闪耀之时	030
元稹	生怀热烈,藏于凡俗	048
杜甫	看清生活的真相后,依然热爱生活	067
白居易	回首看去,也无风雨也无晴	088
徐霞客	自己的人生,随心即是满分	110
苏轼	人生就是哈哈哈哈哈	125

柳 永	没人鼓掌,不耽误我优雅谢幕	146
王守仁	答案会自己走向你	164
王 维	允许一切如其所是	184
辛弃疾	拼尽全力,方可不悔	197
晏 殊	莫踟躇,最好的生活就在眼前	215
阮 籍	焦虑是人生的常态	230

很多时候,一个人一生能触碰到的天花板,在他刚刚降生人世时,就已经注定了。

有人说,《长安三万里》用不确定性叙事,让我们看到了高适主观视角下的李白。那个高适认识、理解甚至想象中的李白,正是他人生的天花板,是他想成为却成为不了的人。

也许吧。

但高适何尝不是李白想成为却成为不了的人呢?

因为他站在了李白终其一生都在努力触碰的天花板处。

荒谬吧?

可若是我们穿越回大唐,问一问那个时代的人,只怕也会得到这个"荒谬"的回答。

用今天的眼光看,高适早岁极贫塞,年近而立还困于穷巷,寥落一室中,怅然惭百龄;而李白家境优渥,小小年纪便观奇书、寻神仙,学剑术、游天下,五陵年少金市东,银鞍白马度春风。

两个人可谓一个地下,一个天上。

但他们为自己设定的人生目标是相同的:李白要申管晏之谈,谋帝王之术,奋其智能,愿为辅弼,使寰区大定,海县清一;高适也期待着万里不惜死,一朝得成功,画图麒麟阁,入朝明光宫。两人都想凭借胸中焕若星斗的才华和一身攫拿龙虎的本领,得天子重用,成为朝廷栋梁,安邦定国、经天纬地,造福苍生、成人成己。

然而这样的理想志向,系出渤海高氏、身为安东都护高侃之孙的高适,尚可放手一搏;而一挥手便散尽千金的李白,却几乎没有

实现的可能。

虽号称西凉武昭王李暠九世孙，但事实上李白的家世、家族、籍贯皆不详，甚至连出生地都有蜀郡绵州昌隆县和西域碎叶城两说，其父李客在后人的研究中，为豪侠、为隐士、为富商、为巨贾，甚至为罪人……

无论哪种说法是正确的，都意味着李白根本没拿到"门第与出身"这张大唐王朝上层社会的入场券。

所以李白从二十五岁起仗剑去国，辞亲远游，足迹遍及长安洛阳、一扬二益，交游上达天潢贵胄、朱紫公卿，却始终走不了科举正途。直到四十二岁他才蒙玄宗赏识，得供奉一职翰林，不料只能以如椽之笔来点缀升平，更不料次年即遭谗谤，被赐金放还。五十五岁又逢安史之乱，仓皇南奔。两年后投入永王李璘幕下，本以为终能施展抱负，挽狂澜于既倒，却因此被长期流放夜郎，那年他已经五十七岁了。李白在惶惶不可终日中度过两年后，虽蒙朝廷大赦，却仍不免辗转流离，直至三年后于采石矶而逝……

李白这六十余年的人生中，数段婚姻，两度入赘，到头来终是孑然一身。

他似乎每一步都走错，越走越错。

韶华极盛的大唐、花团锦簇的尘世，处处都是束缚禁锢着这位天才诗仙的无形天花板。

人间太小，而李白是鲲鹏。

心有鲲鹏

你知道《李太白全集》收录的第一篇作品是什么吗?

是《大鹏赋》。

元人祝尧在《古赋辨体》中说,李白在这篇赋中"以鹏自比"。鲲鹏正是李白的自我定位、自我认知。

我一直相信,每个人的灵魂里都栖居着某种神话传说中的幻兽,所以每个人都有自己独特的才能与魅力,也有自己专属的瑕疵与怪癖。

只是有人看见了自己的幻兽,有人却茫然忽视了,任其被世俗的浊雾侵染蒙蔽,逐渐昏昧沉睡,而越来越麻木,越来越平庸,越来越泯然于众。

而李白早早就看清了自己的灵魂——一只其大弥天的鲲鹏。他也始终清醒地等待着它脱鬐鬣于海岛,张羽毛于天门后,陪伴它焴赫乎宇宙,凭陵乎昆仑。

鲲鹏是什么?

"北冥[1]有鱼,其名为鲲。……化而为鸟,其名为鹏。"庄子在《逍遥游》中这样写道。

这位道家学派的宗师以一己之力,创造出了"鲲鹏"这种奇伟磅礴的巨鸟。而鲲化为鹏、鲲鹏图南的意象,凝结并激荡着轴心时代[2]

---

[1] "冥",通"溟"。

[2] 轴心时代:1949 年由德国哲学家雅斯贝尔斯提出,指公元前 800 年至公元前 200 年间,多个文明(如古希腊、印度、中国、波斯等)几乎同时出现思想突破的时期。这一时期涌现了众多影响深远的思想家和宗教创始人(如苏格拉底、佛陀、孔子等),奠定了人类文明的精神基础。

李白

人类最瑰奇壮阔的想象和豪情。

可是之后呢?"水击三千里,抟扶摇而上者九万里,去以六月息"之后呢?

鲲鹏横绝天地,从北冥飞抵南冥之后呢?

它是否从此停留在那里?

它会做些什么?它又见到了谁?

鲲鹏为什么要告别曾经的自己,告别曾经的故乡,告别曾经栖身过的世界,义无反顾地奔赴这场盛大而漫长的远征?

与鲲鹏一样,李白的一生也是一场交织着无数次离别的远征。

开元·功名路

开元七年(公元 719 年)到开元十三年(公元 725 年),年轻的李白密集创作了一系列关于鲲鹏的诗文。

在我看来,这段时间正是他逐步褪去鳞鳍,幻出垂天之翼的时期。

满腹才华如新发于硎的霜刃,催迫着他急切、诚挚地展示这如虹剑气,希望能与人比试切磋。

所以在游历渝州,谒见当地刺史——大书法家李邕时,李白倒饮天河,咳唾九天,恣意忘形地高谈阔论,反倒惹得对方不悦。

捧出全部的真心,用尽一切力气,展现出自己最好的一面,却被对方误以为是无礼、炫耀和挑衅,换来冷遇、轻视和打击,这样的遭遇，大家应该不陌生吧。

被兜头浇了一盆冷水，我们常常会感到莫名其妙，进而反思自责，甚至内耗不止，却没有想过也许问题并不在我们，而恰恰在对方。

可李白从不内耗。那时他也只有二十岁，却有足够的魄力和决断，当下就终止了这场并不愉悦的会面，并在临别时留下了一首《上李邕》。

大鹏一日同风起，扶摇直上九万里。假令风歇时下来，犹能簸却沧溟水。

时人见我恒殊调，闻余大言皆冷笑。宣父犹能畏后生，丈夫未可轻年少。

这是一首七言古体，区别于律诗、绝句等近体诗，格律更加自由奔放，全诗音韵流畅，一气呵成，不客气，不谦虚，五十六个字如一群俊鹘游隼，劈空而来，冲击、撕碎了那徒有其表的傲慢与自尊。

至今我们吟诵起来，仿佛还能看见那白衣青年意气风发的背影，他将自己比作鲲鹏，扶摇直上，背负青天，不费吹灰之力便飞腾至凡人的眼界之外。

他俯视着地面上渺小的众生，内心却也有着一丝丝失落——一千年光阴流转，人间怎么就再无那个巨眼识人，感叹"后生可畏"的孔子了呢？

李邕对待李白的态度固然不够友善，但也不能看作故意针对。

李白出生于长安元年（公元701年），五岁开蒙诵六甲，十岁观百家，十五岁小有诗名。事实上这在神童辈出的唐代诗坛，并不算特别出众——前有初唐四杰，后有二李小杜，同时代有诗圣、诗佛……

李白

哪个不是十岁之前便已成为传奇？

在时人眼中，李白只怕算不上龙驹凤雏。他在少年时代实在太忙了，除了写诗，还要读书、学剑、修仙、问道、漫游。不出生在高门大户也有好处，当他对这个世界充满天真的好奇心时，家族也好，长辈也好，非但没有限制过他探索的步伐，反而为他铺路搭桥，遮风挡雨。

鲲之背不知几千里，而北冥足够浩瀚无边，能任他驰骋周游。

可是北冥也足够空旷僻远，他没有门第，没有名望，若非灵魂同频的知己，谁能听到他孤独的歌声？

开元十三年（公元725年），独行孤飞了那么久的鲲鹏，终于与同伴相遇了。

那一年，李白在江陵遇到了高道司马承祯（子微）。

司马承祯是道教上清派第十二代宗师，得到过武皇、睿宗的接见与供奉，玄宗更是遣使将其迎至东都洛阳，尊为全国道教首座。

彼时李白刚刚结束一段远游，就在一年前，李白再过成都、峨眉，然后舟行向东又至渝州，途中写下了那首《峨眉山月歌》。

峨眉山月半轮秋，影入平羌江水流。

夜发清溪向三峡，思君不见下渝州。

李白与月亮的缘分，早在"小时呼为白玉盘"那一刻便已开始。

月是他的酒友，是他的道侣，是他的无情游伴，是他的故乡旧影，是他的古今鉴证者，是他的万里同路人。

明代王世贞在《艺苑卮言》中评说这首诗，谓短短二十八字中，竟然借一明月跨越千里，有峨眉山、平羌江、清溪、三峡、渝州等令人眼花缭乱的地理转换，后人再不能如此不着痕迹、举重若轻地模仿，足见李白笔力"炉锤之妙"。

"炉锤之妙"是经验，是锤炼，是技巧运用。但这首诗是天成，是自然的流露，令人如身临其境。

这是一首飞翔者的诗。

鲲鹏一振翅，腾翔九万里之高，才会有无限开阔的眼界；鲲鹏一鼓翼，飞越十万八千里之远，才会有流动不居的视角。

独具仙家慧眼的司马承祯一看到李白，就说他有灵根，有道骨，不是凡人，未可限量，自己愿与他一道神游八极之表。

这可能是李白第一次得到前辈高人如此纯粹热忱、不加掩饰的肯定。

这也可能是高自尊、高自我评价的他，第一次从外界得到如此符合自我预期的正向反馈。

对我们而言也是如此。虽说那些杀不死我们的，会让我们更强大，但成长与蜕变并不一定要伴随着阵痛，真正令人们成为更好的自己的，恰恰不是强加的磨炼与打压，而是恰当的回应与对待。

所以李白当下几乎文不加点，写就《大鹏遇希有鸟赋》赠予司马承祯，再一次将自己比成万里图南的鲲鹏，而将对方比成戴天履地的希有神鸟。

可他内心里对这篇赋并不满意,哪怕过去了很多年,仍觉得未尽胸中之意,终于还是弃之重作,即前文提到的《大鹏赋》。

也正是在这一年,李白写下了另一首古体,也就是我们今天看到的《古风其三十三》。

> 北溟有巨鱼,身长数千里。仰喷三山雪,横吞百川水。
> 凭陵随海运,烜赫因风起。吾观摩天飞,九万方未已。

与司马承祯的相遇,让李白看到了风雨如磐、浓云如墨的夜空中,乍然迸射出一线曙光。这仿佛预示着无尽的宇宙正在他的眼前展开,希有鸟将掀起海上狂风,引领着鲲鹏向天空最高处飞去,那里龙楼凤阙、天墀连云,有着紫微帝星放射出的煊赫光芒……

他满怀希望地奋而起飞,企望着一步登天,却不想一头撞上了坚不可摧的屏障。

原来他根本去不了那里。

功名之路上,有着看不见的天花板。

天宝·死生事

据说《大鹏赋》是李白在天宝二年(公元743年)修改重作的。

那一年,四十三岁的他履职于大明宫之西、麟德殿西重廊之后的翰林院中,人们尊称他李翰林。可他不是有望登庸拜相的翰林学士,而是以一技之长供奉备选的翰林待诏。

传说因他《清平调》《宫中行乐词》写得好，得玄宗七宝床赐食、赐衣宫锦袍，更有高力士脱靴、杨贵妃磨墨……

事实上天宝三载（公元 744 年）十二月杨玉环才入宫，而这一年的三月，李白就已黯然离开御前。

只是当时，平步青云的李白被帝王御手亲调的羹汤熏醉，用绚丽浪漫的诗人笔法，在《大鹏赋》中续写了《逍遥游》的神话，不仅描绘出鲲鹏扶摇直上、激浪翻天的奇景——"天吴为之怵栗，海若为之躩跜，巨鳌冠山而却走，长鲸腾海而下驰"，海神水兽无不退避奔逃，更感慨蓬莱黄鹄、苍梧玄凤、精卫䴇鹎、天鸡踆乌虽同为神禽，却只是羽毛华美、斑纹灿烂，徒有其表而已，它们困于他人的役使、苦劳的职务与世俗的责任，何如鲲鹏旷荡于天地间，纵适而逍遥？于是跨蹑地络，周旋天纲。以恍惚为巢、以虚无为场的希有鸟一见它，便赏识赞叹："伟哉鹏乎！"

我呼尔游，尔同我翔。于是乎大鹏许之，欣然相随。此二禽已登于寥廓，而斥鹦之辈，空见笑于藩篱。

大鹏与希有鸟酣畅地比翼颉颃，象征李白与司马承祯相知相契，终于可以相会于天子座前，携手去更辽阔无际的天地。可写下这凤彩鸾章的诗人，不知道引领自己飞翔的那个人其实早已经不在了。

早在开元十五年（公元 727 年），玄宗于王屋山为司马承祯建造的阳台观落成时，得知消息的李白就想去拜访了。可他远在安陆寿山，是年刚与前宰相许圉师的孙女成婚，后又颇多俗务牵缠，始终未能成行。

李白

直到天宝三载（公元744年）李白辞出翰苑后，才得以与杜甫、高適相约前往。

可直到抵达阳台观他才得知，早在开元二十三年（公元735年），司马承祯便已羽化登仙了。

他来晚了九年，足以让一棵小树亭亭如盖的九年。

那一天李白不能成诗，只写了二十五个字：

山高水长，物象千万，非有老笔，清壮何穷。十八日，上阳台书，太白。

这世间万物，这天道轮转，这奔流不息的万象，这逝者如斯的时间……写不尽，画不成，留不住，想不通……

谁能料到这二十五个字会成为目前存世的唯一一幅李白书法真迹，它就是收藏在北京故宫博物院的国家一级甲等文物——《上阳台帖》。

更无法预料的是同样在这一年，李白将面临另一场死别——贺知章去世了，时龄八十六岁。

如果说司马承祯是李白在道坛的引路仙师，那贺知章便是他在人间的知遇恩人。

说是造化弄人，也不为过吧。

开元二十三年（公元735年），司马承祯驾鹤而去，永别尘寰，恰恰是这一年，贺知章来到了李白的身边。

那一年，李白已经三十五岁了，依旧在功名之路上艰难跋涉，竭力寻找着韩朝宗、张垍、玉真公主等一切可能的助力。某日在长安紫极宫，他偶然遇见了名满天下的贺知章，当即上前拜见，并呈上自己的诗作《蜀道难》。

贺知章是唐武后证圣元年（公元695年）的状元，历官清显，奖掖后辈，是开一代风气之诗人，更是名列"唐草三杰"的书法家。

正因为自己也是创作者，他才能一诵之下便对李白的诗篇神会心契，当即给予对方"太白星精""谪仙人"等准确评价——《蜀道难》不是在尘寰里打滚的俗人能写出来的，它来自高翔于青云白霓间的鲲鹏。

那时的贺知章还不知道，自己和李白的名字未来将并列于杜甫的《饮中八仙歌》里。同样耽于醇醪的他，为了招待眼前这千年难遇的奇才，竟随手解下身佩的金龟充当酒资。从此大唐诗坛上，便有了"金龟换酒"这豪快却不失风雅的典故。

与不食人间烟火的司马承祯不同，贺知章不仅清楚地知道李白"是什么"，更知道他"缺什么""要什么"。后来李白能入翰林院，主要也是靠了他和玉真公主的举荐。

你没有背景，没有靠山。好，我来做你的背景、你的靠山！

回看历史的时候，我们常常会被潜伏在字里行间的宿命感所击中。

——当李白写下《上阳台帖》悲悼司马承祯的时候，贺知章病殁于千里之外的故乡。

而贺知章的死讯，李白又是在三年后天宝六载（公元747年）赴

山阴拜访他时才得知的。

鲲鹏有这个世界上最劲捷的翅膀,能转瞬间飞渡关山,却总是迟到。

那九年里,这三年里,李白的心里一直存着温暖的念想:这世上还有想要去见的人,那人始终在等待着自己,总能再见一面,总能温一壶酒,叙一番旧,写一行诗……

人亡余故宅,空有荷花生。那一天,贺知章家庭院的池塘里荷花盛开,可再没有人以金龟换酒,等他到来。

生死之间,横着看不见的天花板。

宝应·长歌别

宝应元年(公元762年),是李白在人间的最后一年。

此前一年,王维去世了,他和李白是同龄人。

如果说高适站在李白的天花板上,那王维就站在了高适的天花板上。风云际会让高适百战封侯,他不能有一点差错,而王维却能在被安禄山强迫出任伪职,按律当死的情况下,不仅能保全性命与名声,还能继续升任尚书右丞。

同在朝中御前,同为仙宗十友,同得玉真公主的认可,同与司马承祯投契,可李白偏偏与他没有多少交集。

李白会不会因为他的离世而感慨长歌呢,我不知道,但就是那一年，李白送夫人宗氏入庐山修道，东下重游金陵、宣城时，的确写过一首挽歌——《哭宣城善酿纪叟》：

纪叟黄泉里，还应酿老春。

夜台无晓日，沽酒与何人。

李白的酒友很多：竹溪六逸、酒中八仙、杜甫、孟浩然、崔钦、钱少阳、汪伦……有王侯、官吏、缁羽、隐士甚至草民，他平等地与他们交契，平等地为他们歌唱。

而这位连名字都湮没不闻的纪姓酿酒翁，也得到了李白发自深心的恸哭——他们是酒国的知音。

每次经过宣城，李白都会特意赶去痛饮纪叟的佳酿，可这一次却喝不到了。

被孤零零留在人间的他，却还在牵挂着、担心着酿了一辈子酒的纪叟：黄泉之下，谁能像自己一样，品尝得出他甘醴中的醍醐味？

哪有什么物是人非，从来都是人物同非。

即便是鲲鹏的双翅，也劈不开生死的海水，逃不脱爱别离、求不得之苦……

一年之后，李白将毕生手稿交予族叔李阳冰，然后骑上长鲸，追逐着采石矶的明月而去。

不，或许不是骑着长鲸，而是鹏鸟重新幻化回鲸鲲之形。

鲲化为鹏，鹏亦可化为鲲啊！

他留下了一首《临路歌》。传说"临路"是"临终"的误写，但谁能断言，它不是指的归途长路呢？

大鹏飞兮振八裔，中天摧兮力不济。余风激兮万世，游扶桑兮挂左袂。后人得之传此，仲尼亡兮谁为出涕？

巧的是这首诗和他最初那首鲲鹏诗《上李邕》一样，以鹏飞始，以孔子终。

鲲鹏高举，即便摧折于中天，它激起的罡风，依旧能穿越时空，激起无数渺小的宇宙尘埃。

李白这一生，终没有过低头认输。

哪怕命运，有着看不见的天花板。

范传正在《唐左拾遗翰林学士李公新墓碑并序》中感叹："大鹏羽翼张，势欲摩穹昊。天风不来，海波不起。塌翅别岛，空留大名。人亦有之，故左拾遗翰林学士李公之谓矣。"

本是无量鲲鹏，奈何生在人间。

他左冲右突，张皇狼狈，却依旧没能冲破一出生就已设定好的天花板。

有多少人面对相同的开局，手握相似的底牌，即便才华盖世，也聪明地选择顺势而为，或只能无奈地沉沦一生，可李白偏偏要逆天改命，他宁愿走最难的那条路。

而且他是昂首挺胸，慨然直行！

从惹恼李邕到触怒玄宗，再到"附逆作乱"生死一线，固然不乏出身门第所限，却也不能排除李白个性这一内因。

安能摧眉折腰事权贵，使我不得开心颜——他从未改变本性，从未背叛过自己。

他选择了最坎坷的道路,却保持了最真实的自我。

谁能说他被尘网困住?

他也许没有冲破看不见的天花板,可那又怎样呢?

李白从来都站在没有天花板的地方。

我不知道这样的评价是否准确。

因为要准确地评价一个人,必须拥有比他更辽阔的灵魂和更深邃的洞见,要比他飞得更高,望得更远。

谁能做到呢?

因为李白,是鲲鹏啊。

文/心/诗/语

李白的鲲鹏

上李邕

大鹏一日同风起,扶摇直上九万里。
假令风歇时下来,犹能簸却沧溟水。
世人见我恒殊调,闻余大言皆冷笑。
宣父犹能畏后生,丈夫未可轻年少。

《上李邕》是李白二十岁左右在游历渝州,谒见当地刺史——大书法家李邕时写下的诗作。李白谒见李邕时,因不拘礼仪,举止张扬,惹得李邕不悦而表现得相当冷淡。李白对此十分不满,分别时写了这首《上李邕》。

意译

大鹏总有一天会和风飞起,凭借风力直上九霄云外。即使待到风停下来,其力量之大也仿似能将沧海之水簸干。世人见我好发奇谈怪论,听了我的豪言壮语皆冷笑不已。孔圣人还说后生可畏，大丈夫可不能轻视少年人啊！

江夏使君叔席上赠史郎中

凤凰丹禁里，衔出紫泥书。
昔放三湘去，今还万死余。
仙郎久为别，客舍问何如。
涸辙思流水，浮云失旧居。
多惭华省贵，不以逐臣疏。
复如竹林下，叨陪芳宴初。
希君生羽翼，一化北溟鱼。

这首诗写于公元759年。李白被流放于夜郎，遇到赦免后东还，途经江夏，李白的故交史郎中恰好也在此地，江夏的地方官使君叔设宴款待两人，席间，李白作了这首诗。

李白曾是天之骄子，历经坎坷又一朝跌入泥泞，见到曾经的好友，自然百感交集。不过在诗中，李白没有沮丧，反而为自己的好友送上了诚挚的祝福：希君生羽翼，一化北溟鱼。希望你能像北冥之鲲般展翅高飞，从此翱翔天际。

意译

皇宫里的凤凰衔出紫泥诏书,任我为翰林待诏。后来我被流放到偏远的三湘,历尽千辛万苦才回来。与仙郎您分别已久,客居在外,您住得怎么样?涸辙中的鱼思念的是浩瀚的流水,而我随浮云飘荡,半生飘零,早失旧居。

面对在华贵官署中身居高位的您,我深感惭愧,而您并不以我被放逐的身份而疏远我。此刻,仿佛又回到我们当初在竹林聚会之时,在盛大的宴会上,我荣幸地陪侍在您的左右。

希望您能生出羽翼,化为前途远大的北冥之鲲,从此翱翔在天际。

临路歌

大鹏飞兮振八裔,中天摧兮力不济。
余风激兮万世,游扶桑兮挂左袂。
后人得之传此,仲尼亡兮谁为出涕?

相传,《临路歌》可能是《临终歌》之误,此诗是李白病重临终时的绝笔,也可以看作是李白为自己写下的墓志铭。他以大鹏自比,感慨一生壮志未酬,但他不知道的是,他的诗会永远地闪耀在历史的星空之中。

扶摇而上的鹏鸟,在半空之中因力量不济而跌落。

它的羽翼挥起之余风,激励万世。它遨游扶桑,却被挂住左翼。

后世人听说了消息而相传。仲尼已去世,还有谁能为我之死伤心哭泣呢?

寿贺

天上房星闪耀之时

文 迦楼罗火翼

我常常在想,生与死对李贺而言,究竟存在多大的差别呢?

似乎在群星璀璨的中国文坛上,从来没有哪一位诗人像李贺这样,神思如深夜的闪电,飘忽而迅捷地出入于天上与人间、碧落与黄泉。

我们看不透、越不过的生死关,是他司空见惯的寻常事。

因此后世之人称他为"诗鬼",公认其才华足以与"诗仙"李白颉颃。

而我更愿意将他视为天上房星。

房星本是天马,《瑞应图》云:"马为房星之精。"

李贺也对骏马情有独钟,作过《马诗二十三首》,其中第五首尤为脍炙人口:

大漠沙如雪,燕山月似钩。何当金络脑,快走踏清秋。

塞北大漠的秋夜,一匹骏马装饰着华丽的黄金辔头,孤独而恣意地奔驰在无边大漠之上,新月的微光将满地黄沙映得皎洁如雪,一晃眼,便会让人看成天马在云端飞奔。

诗中这似真似幻的意象,更像是李贺灵魂与诗才的写照。

巧的是西方也将天马——佩格萨斯视为文艺创作中不期而至的宝贵灵感之化身。

李贺不正是那匹从繁花凋落、浓春将去的大唐上空一跃而过的天马吗?他锦绣奇绝的诗篇如流星的长尾,熠熠然照彻天际。

星辉初绽

李贺出身唐朝宗室,是国初大郑王李亮的远支,可到了他这一代,门第的荣光早已黯淡了。

大姐出嫁王氏后,家境每况愈下,但李贺的才华恰在此时焕耀而出,不可遮掩。

他七岁那年,才名便已遍闻京洛。当时的文坛泰斗韩愈、皇甫湜十分讶异,谓:"若是今人,岂有不知之理?"当即便寻机拜访了李家。

面对前辈大师,纤细而瘦削的小李贺并不怯场。他欣然操觚染翰,旁若无人,一首《高轩过》一挥而就,顿时让两位文章钜公对这个七岁童子惊赏击节,相信他来日必将垂翅附冥鸿,不羞蛇作龙。

当然这是见于《唐摭言》等笔记小说的野史逸闻,很大程度上取信不得,一个垂髫稚子怎么可能有如此奇崛老辣的笔锋?所以后人多认为这是李贺二十岁时的作品。

或许,我们这是以己度人了。

我们在七岁时,刚刚背上书包,走进小学校园,似乎一切可能性都还没有萌发:语文要学,算术要学,甚至连写字都要老师把笔亲授。

可不得不承认,这世上真的是有天才存在的。

苏东坡说:"书到今生读已迟。"需要累生累世的辛勤,才能成就一世的早慧。

人和人的起点本来就是不一样的,李贺的起跑线超出一般人太远太远。

这匹千里良驹,不可能永远困在家乡昌谷这一方小天地里。

迁延许久,只是因为被贫穷拖住了脚步。

等等吧,再等等吧。

这一等就是十一年后了。

元和二年(公元807年),十八岁的李贺终于备齐盘缠,前往东都洛阳。他走了大唐才俊们都会走的阳关大道:通过科举考试取得功名,以施展平生的抱负,成就毕生的理想。

带着得意之作《雁门太守行》,他谒访了百代文宗韩昌黎,希望能得到他的举荐甚至选定。

我们都知道,高考是严禁泄露考生信息的,但唐代科举,尤其是进士科不一样,有着如今看起来多少有点走后门嫌疑的"行卷"之风。考场之外,主考官有权衡量考生的人品、才华、声誉等,以此为依据决定取黜与名第。考生便将自己的诗文佳作辑录成卷轴,呈送权势名流、文坛宗主等,请他们推荐给考官。

行卷经由考生千挑万选,是精华中的精华。

而李贺选择呈给韩愈评赏的,正是最具视觉冲击力和灵魂震撼力的那一首:

> 黑云压城城欲摧,甲光向日金鳞开。
> 角声满天秋色里,塞上燕脂凝夜紫。
> 半卷红旗临易水,霜重鼓寒声不起。
> 报君黄金台上意,提携玉龙为君死!

巧了，这首诗又写了一个塞外的秋天。

它描绘了比印象派风景画更浓烈斑斓的光景：黑金赤紫的大色块，用厚涂法堆叠成浴血厮杀的战阵，天与地、云与城、鼓与角、血与旗……一切都紧张地对峙着，纠缠着，倾轧着，绞杀着……

可有一个人走来了，那么从容地走进这血腥的生死场，不避，不畏，不退。

他渊渟岳峙，手中的剑锋，静如一泓秋水。

对于这首诗，还有人认为是李贺阵前写来，为张煦节度使领兵征讨雁门郡振武军之乱助威的，亦有人认为是赞美名将李光颜平定王承宗、吴元济藩镇叛军的。

即便对背景一无所知，我们也能感受到诗中那吞云贯日的慷慨意气，他报效国家的决心就如同飒沓的战马，万里长驱，飞渡关山，一往无前。

这首诗果然得到了韩愈的激赏。

韩愈和李贺一样纯粹，一样真挚。他懂得李贺的才华与天赋，也懂得李贺对自己的认知与期许。

《雁门太守行》正是李贺对自己的希冀，此刻他还有着拏云的少年心事，恨不能身佩吴钩，斩龙足，嚼龙肉，可尸横遍野、流血漂杵的战场意象，却也暗符了他未来的处境，注定是刀山火海、云谲波诡。

云掩星芒

时间来到了元和五年（公元810年）庚寅，李贺二十一岁了。

也就是在十八岁那年入洛后不久，他的父亲李晋肃便溘然长逝。

李贺循制返乡丁忧，三年间足不出户。甫一除服，师友前辈便纷纷致意，劝其不可负吐凤之才，不可坠青云之志。

也正是这一年，在时任河南令韩愈的鼓励下，李贺应了当地府试，以一首《河南府试十二月乐词并闰月》脱颖而出，一举获隽。随即，志气昂扬的他不惧冬寒，入京备考进士科举。

李贺是怀着一击必中的心情踏上征程的，此时此刻，他仿佛看见锦绣大唐的万里河山正在自己的面前缓缓铺开。

然而，迎接他的却是风刀霜剑。

只因其过世的父亲名为"晋肃"，而"晋"与进士的"进"同音，犯了讳，李贺便被剥夺了参加科举的资格，连考场都进不去。

这是何等荒谬的理由！

即便韩愈为他作《讳辨》，"质之于律，稽之以国家之典"，力辩这犯讳犯得无稽，却终不能改变妒才者别有用心的指控。

如今有句话形容这种处境，叫"你永远叫不醒一个装睡的人"，还有一句话，叫"诬陷你的人比你自己更知道你的无辜"。

都是读书人，谁能不熟习儒家典籍《礼记》？这部书中早已写明"二名不偏讳"及"不讳嫌名"，犯讳问题其实根本不存在。

李贺到底有没有考试资格，始作俑者心知肚明，这么做只是为了把水搅浑，干掉这个有力的竞争者，如果能把他背后的大佬拉下马来,那更是再好不过的意外收获。

于是天马在人间的功名之路,就此被彻底切断。

"雪下桂花稀,啼乌被弹归。"失意返乡后,几番怅恨彷徨,屡次去留踌躇,李贺还是回到了长安。

长安毕竟是长安啊,那里有这世间最好的一切。

李贺就是在长安的某个秋日,听到了梨园艺人李凭的一曲箜篌。

吴丝蜀桐张高秋,空山凝云颓不流。江娥啼竹素女愁,李凭中国弹箜篌。昆山玉碎凤凰叫,芙蓉泣露香兰笑。十二门前融冷光,二十三丝动紫皇。女娲炼石补天处,石破天惊逗秋雨。梦入神山教神妪,老鱼跳波瘦蛟舞。吴质不眠倚桂树,露脚斜飞湿寒兔。

多么巧,又是个秋天。在高爽的箜篌声里,李贺灵魂中被摧抑的天马,蓦然间飞腾而出。

它踏着乐音旋律织就的重云秋霭,在异世界里追风逐电。

轻灵的霜蹄踏过地祇水仙之国,它怜惜湘妃素女的愁绪;踏过山灵神兽之乡,它感慨玉精凤凰的鸣泣;踏过花妖木魅之野,它细聆芙蓉兰草的心声;踏过人间宫阙,踏过重门帝宇,然后它纵身一跃,去往石髓霞光浸透的天之尽头,转道鲸波蛟浪环绕的方丈蓬莱,掠过桂露盈光常满的广寒蟾宫……

乐曲戛然而止,诗句戛然而止,天马却没有停步,越去越远,直至消失在天际。

李贺忽然想起,现实中的自己何尝不曾如此从容过?

文章本天成,诗句如春梦蝴蝶漫舞,无处不在。多少次他乘着蹇驴劣马，带着小童奚奴，漫无目的地巡游在山川原野之上，一路追寻那些散落的文字，用心眼去发现，用灵感去捕捉，再用笔墨之绳、纸笺之笼去锁定，然后收进古锦囊中。

那些华彩珠玑引着他越走越远，他的身影仿佛也融入天地之间。

这样的时刻，他当真是沉浸在浑然忘我的法悦中。

可心眼需要用心神、心魂、心血点燃，所以他母亲心疼地说："这孩子，必是要把心呕出来才肯罢休。"

确实，李贺十七岁的时候，鬓边便已有白发了。

在他的身上，时间似乎并不遵循既定的流速，尘世与彼岸、过去与未来，早就已经模糊。

于是摄人心魄的"鬼诗"，一首首自他的笔下流淌而出。

幽星耀夜

点燃心眼的李贺感受到的世界，和我们感受到的是多么不一样啊！

他看得见"海神山鬼来座中""鬼灯如漆点松花"；他听得见"秋坟鬼唱鲍家诗""羲和敲日玻璃声"；他看过"王母桃花千遍红，彭祖巫咸几回死"；他听过"几回天上葬神仙，漏声相将无断绝"……

人类的精神，怎么可能承受得起这样光怪陆离的感官重锤！

某个夜晚，他又听见了五百多年前金铜仙人的骊歌。

彼时李贺二十四岁，因病辞官，自长安归昌谷，路过洛阳。

是命运吧？那依旧是一个秋天，客途长夜，已经消失在历史河流中的一切，忽然穿越时空，猝然展现在他的眼前。

是幻觉吗？他听见了不存在的萧萧马嘶声、辚辚车轮声、金属摩轧之声、喑哑哽咽之声……

那不似人类的声音哀叹着，哭诉着：

> 茂陵刘郎秋风客，夜闻马嘶晓无迹。
> 画栏桂树悬秋香，三十六宫土花碧。
> 魏官牵车指千里，东关酸风射眸子。
> 空将汉月出宫门，忆君清泪如铅水。
> 衰兰送客咸阳道，天若有情天亦老。
> 携盘独出月荒凉，渭城已远波声小。

一心求长生不老的汉武帝，曾点九光九微之灯，爇百和迎仙之香，请得西王母乘紫云之车夤夜降临，授丹诀秘法。此后他便以金铜铸起高二十丈、大十围的巨型仙人像，手捧金盘，汲取高空的澄露，炼造不死仙药。

可世上哪有不死药啊！大限临头，君临天下的帝王也无计可施。不仅身化枯骨，就连宫阙万间也都生了苔，蒙了尘，化了土。

而在他的身后，金铜仙人依旧岿然屹立着，旁观王朝兴废，见证权势更迭，直至三百多年后的景初元年（公元237年）八月，魏明帝曹叡下了一道诏令——这位任性的君王下令将这座巨像移至洛阳，置于自己的宫殿之前。

待百工拆下承露金盘,仙人巨像的眼中,突然涌出莹明的亮银色泪水……

或是因为对异象恐惧,或是因为仙人巨像实在太沉重,魏明帝的官员最终只驱车载走了金盘。

而那失去功用的仙人巨像,越是硕大无朋,越像一个毫无意义的玩笑。

它站得高,看得见——当年曾照映过汉家疆土的明月,此刻照映着那形如魅影的车队,走过满目疮痍的故国旧都,走过屋宇倾颓的朱雀大道,踏着渐渐远去的渭水涛声,走向千里之外未知的旅程……

雄才大略的明主、其重如山的巨人,都不能左右自己的命运,这或许就是那个时代大唐的写照吧。

在夜与梦的缝隙里,李贺写下了这一阙家国命运的预言。

回首在长安的那段时间,李贺任职于礼部,官职为九品奉礼郎。

看起来的确算不上世胄蹑高位,但似乎也不能说英俊沉下僚,毕竟在相仿的年纪,系出阀阅、进士及第,甚至有说高中状元的王维,一开始也只做了从八品下的太乐丞。

但不入流的小官,是王维的起点,可也许就是李贺的终点了。

天马到底还是陷在了世俗的铁网中。

从此李贺左冲右突,可是牢落长安,失意仕途,直至写下这篇长歌,他才猛然省悟:原来往日荣光早已成过眼云烟。如今的大唐,已然是"毒虬相视振金环,狻猊㹲貐吐馋涎",哪里还有天马奔驰的辽阔天地?

识时务者会说:若是现在醒悟,那还为时不晚,选择比努力重要,认清环境远比一腔孤勇更明智。

事到如今,我们已经积累了太多这样圆熟老练的世俗智慧:避坑、借力、四两拨千斤、见风便使舵、别一条道走到黑、及时止损……

这些话错了吗? 当然没错。

聪明吗? 确实聪明。

可这世间若都是这些聪明人、聪明话,还有谁会漫漫长路上下求索,谁会刀山火海九死未悔,还有多少我以我血荐轩辕,还有多少男儿到死心如铁?

那又该是多么凉薄的一番光景啊。

更何况这些肤浅的聪明,李贺又何尝不懂得呢? 元和九年(公元814年),他决意抛开这一切,去往江南,纵棹于吴越南楚山水之间。

是时候放下了。对此他的方外好友无可大师十分赞同,还写诗为其饯行。

房星陨落

后来,李贺去了西北,在友人的举荐下,投身于昭义军节度使郗士美帐下——怀抱明珠一样的才华,岂能让它就此沉湎?

可主君讨叛无功,友人抽身而退,李贺再度进退维谷,身心俱疲的他只能勉强支撑着回到家乡……

有的时候，人生就是这样。

总觉得自己做得不够，勉励自己再努力一把，说不定再加把劲，就能够到枝头上最甜的那颗果实。

可也许果子早已被别人摘走了，也许今年枝上连花都没有开，也许花与果从来就不在那里，也许连整棵树都是一个幻象……

对此，人们未必不明白，只是过不了自己心里的那道坎，更可悲的是像李贺一样，被生活、命运推着，挡着，别无选择。

终于不用再点燃心眼，也能看见那不可思议的一切，因为李贺已经快走到人生的尽头了。

昌谷的白天，晴朗到令人晕眩。

他看见光天化日之下，一位驾赤虬、着绯衣的神使，手持太古篆霹雳石文的版牍，来召他上天："帝成白玉楼，立召君为记。"

李贺一开始也恐惧，也推辞，也难以割舍。

老弱无依的亲人、尚未实现的梦想，哪一个不是他难以割舍的牵绊？

可忽然间他就想通了。

其实好的坏的，自己都已经经历过了。

生亦何乐，死亦何苦？

生亦何欢，死亦何惧？

《庄子》云："故善吾生者，乃所以善吾死也。"他不正是像熟悉活着一样，熟悉死亡吗？

这一生一路走来，只有在艺术里、在诗歌里，李贺和天马才是真实的、自由的。

> 老兔寒蟾泣天色，云楼半开壁斜白。
> 玉轮轧露湿团光，鸾珮相逢桂香陌。
> 黄尘清水三山下，更变千年如走马。
> 遥望齐州九点烟，一泓海水杯中泻。

这首《梦天》作于何年，学者们难下定论，我更愿意将它视为天马回望人间的最后一瞥。

它在云端俯首，蝇营狗苟的人间已如尘埃般微渺，连大海都成了敬给天地古今的一杯薄酒。

这首诗仍旧萦绕着秋的况味：昏沉的月轮，苍白的月光，潮湿的月华，恍惚的月色，凡尘不到的天街云衢，桂香缥缈。天马默然与鸾珮仙娥擦肩而过，只这一瞬间，他们脚下已数度沧海桑田偷换……

这世间有从厩中肉马里辨识出神驹的伯乐吗？

有肯一掷千金买千里马骨的燕昭王吗？

这我并不知道，只知道李贺可能遇见了前者，却始终未能遇见后者。他终其一生，都活在大唐的残秋中。

在造化面前，在时代面前，在宿命面前，人类实在是太渺小了。

然而时至如今，当我们翻开中国文学史，却可以看到李贺上承屈子，比翼青莲，下启海若[1]，一同书写出这皇皇书册中最璀璨夺目的浪漫主义篇章。

---

[1] "青莲"指李白，"海若"指汤显祖。

毕竟天上房星，即便形销骨化，也精华难掩。

正如他自己弹铗而歌的那样——"此马非凡马，房星本是星。向前敲瘦骨，犹自带铜声。"

文/心/诗/语

诗鬼李贺

致酒行

零落栖迟一杯酒,主人奉觞客长寿。
主父西游困不归,家人折断门前柳。
吾闻马周昔作新丰客,天荒地老无人识。
空将笺上两行书,直犯龙颜请恩泽。
我有迷魂招不得,雄鸡一声天下白。
少年心事当拏云,谁念幽寒坐呜呃。

李贺二十一岁时,曾充满雄心壮志地前往长安参加进士考试,却因父亲的名讳问题,被取消科举资格。由于诗写得好,他结交了京城众多的达官贵人,并在京城担任了一名小官。在旁人看来,他应是运气极好,只有他自己知道,自己如潜龙在渊,被困于这偌大的长安城中。唐宪宗元和四年(公元809年)冬至日,久居长安的李贺写下了这首《致酒行》。

意译

此时的我,客居异乡,穷困潦倒,唯有饮酒消愁。主人向我劝酒,祝我健康长寿。

　　主人说，当年主父偃向西入关后郁郁不得志，被困于异乡，家人因思念折断了门前的杨柳。

　　主人又道，我听说，当年马周客居新丰时，等到天荒地老都无人赏识。

　　没想到，他们凭借奏笺上的两行谏议，直接从皇上那里得到了恩泽，被破格提拔。

　　我心情落魄，就像迷路的魂魄一样难以招回，但主人的一席话令我茅塞顿开，我的心犹如听到雄鸡鸣叫而天光大亮一般明朗。

　　少年人还是应不负心中的凌云壮志，若是整日叹息自己困顿郁愤，谁又会怜惜呢？

南园十三首·其五

　　男儿何不带吴钩，收取关山五十州。
　　请君暂上凌烟阁，若个书生万户侯？

　　读书本是为了一展抱负，但李贺兜兜转转，纵有满腹才华，依然不得赏识。悲愤之下，李贺告病回乡。闲居乡间时，他创作了一系列《南园》诗歌，这便是其中的第五首。据考证，这首诗很可能写于唐宪宗元和六年（公元811年）春夏之交。

　　在诗中，李贺依然难掩胸中的悲愤之情。万般豪情转成空，他不甘心，又无可奈何。

李贺

意译

男子汉大丈夫,怎么能不跨马提刀,收复关山五十州呢?
请你登上凌烟阁一看,哪有书生被封为万户侯的先例?

苦昼短

飞光飞光,劝尔一杯酒。
吾不识青天高、黄地厚,
唯见月寒日暖,来煎人寿。
食熊则肥,食蛙则瘦。
神君何在?太一安有?
天东有若木,下置衔烛龙。
吾将斩龙足,嚼龙肉。
使之朝不得回,夜不得伏。
自然老者不死,少者不哭。
何为服黄金,吞白玉?
谁似任公子,云中骑碧驴?
刘彻茂陵多滞骨,嬴政梓棺费鲍鱼。

此诗作于元和年间,此时的李贺早已辞官回家。他的心情,也从

刚开始的感慨自己是书生而不得志,转变为"人生不满百,何有千岁忧"。他不再执着于非要一鸣惊人,对于死亡和人生,看得更透彻了许多。

当时唐宪宗李纯"好神仙,求方士",朝廷上下求仙修道蔚然成风。这首诗就是李贺为讽刺时事而写的。

意译

飞逝的时光啊,来吧,我劝你喝一杯酒。

我从没见过天地玄黄、地老天荒的模样,我只见过那月亮阴晴圆缺和日出日落,一天天煎熬着人的寿命。

吃得好会变胖,吃得不好会变瘦,这是自然规律,哪有什么掌握着人寿命的神君呢?

都说东边有神树,其下的神龙掌握着日出日落。

我将砍掉神龙的足,大口咀嚼龙肉,让它白天不能巡回,夜晚不能趴伏。

当时间停滞之时,老人不用担心自己将死,小孩也不会因惧怕黑夜而啼哭。那些追求长生不老的人,何必去服用什么黄金白玉啊?谁真正见到那骑驴升天的任公子?

就连秦皇汉武这样苦苦追求长生不老的一代雄主,也不过是枉费心机,徒留"多滞骨"和"费鲍鱼"的笑话罢了。

元稹

生怀热烈，藏于凡俗

文 房昊

人间八苦，最苦便是求不得。

天底下阴差阳错，有些事你总是做不成，跋涉千山万水，两鬓霜白，离梦想里的自己却是越来越远，只能任由一腔沉郁化成无言血汗，落在尘埃泥泞里。

当然，总有些人能把这份苍凉写出来，变成诗意直冲云霄。

元稹便是如此。

唐代宗大历十四年（公元779年），元稹出生在洛阳。他家世代为官，祖上是北魏宗室拓跋氏的后裔。没有意外的话，他的童年生活条件大约跟杜甫类似，再配上他的天赋灵感，想来他也是个一日上树能千回的皮猴儿，少年登个山，同样能一览众山小。

只可惜人间事，最多意外。

八岁的时候，元稹的父亲去世了，从此他的世界里就下起了淅淅沥沥的小雨。

这些凄风冷雨来自他的兄长——同父异母的两个兄长对他们孤儿寡母冷嘲热讽。元稹的母亲只好带着八岁的他回了老家。没钱请老师，母亲也是出自书香门第的大家闺秀，便亲自教导元稹。

那些年青灯书卷，每当元稹看得累了，一抬头，总能对上母亲那双昏黄的眼。

其实母亲也不过四十出头，虽是家里庶出的女儿，同样也是锦衣玉食过来的，如今日以继夜地抚养教导他，元稹对上这双眼，又岂会觉得累？

元稹

慈母的双眼是世间最强的鞭子，向来能催野马为千里宝驹。

更何况元稹本就天赋异禀，过往的史书典籍，几年下来就在元稹的脑海里生根了。

再积累几年，再学学怎么写诗，即便是大唐最难的进士科，元稹也未必没有希望考中。

但元稹放弃了。

贞元九年（公元793年）的某个黄昏，晚霞如堆锦般横陈在天边，元稹跪在房里，母亲举着鞭子，想打却总是打不下去。

她的眼底含满了泪："九郎，你知不知道明经跟进士差了多少？"

才十五岁的元稹点点头："娘，我知道进士及第能立刻赢得朝廷青睐，日后施展抱负的可能性也更高些，再等几年，我进士及第未必没有希望。这些我都知道。"

"那你为何还要去考明经？"

元稹抬头，看到母亲的鬓边已有了些灰白。他想的是为娘做点事，考上明经就能谋职，一解贫寒之苦。

但他也知道，这么说一定会被母亲驳斥。

所以元稹把他目睹的所有辛酸、胸中的所有苦楚都咽了下去，他只冲母亲笑道："孩子便是考明经，日后便当不得宰相吗？"

母亲眼一闭，落下两行泪来。

自古知子莫若母，她又岂能不懂元稹的心思？她放下手中短鞭，潸然道："好孩子，好孩子。"

那一年，十五岁的元稹考中了明经，有了功名。

夜深人静时,元稹望着长安城高高的城墙,望着皇宫里金碧辉煌的大殿,也忍不住会想:日后我会在此扬名天下,我会在此激浊扬清,我会成为青史上赫赫有名的忠臣义士、大唐相国。

元稹将整个少年时代全用在让家里摆脱贫困,让自己更有才华并把才华锻造成剑,刺破困缚自己的世道上。

按大唐科举制,士子们考取了明经或者进士之后,还要再过一重吏部考试,才有资格为官。

这个寒门小子这次考得特别好,好到让三品大员韦夏卿都看好他,愿意把女儿嫁给他。

元稹深深一拜:"承蒙青眼,元九无以为报!"

元稹娶了韦氏女,从此正式成为长安城里最令人瞩目的青年才俊之一,又在此与白居易相识,成为莫逆之交。

"贞元中,与微之同登科第,俱授秘书省校书郎,始相识也。"

"崇敬寺牡丹花,多与微之有期。"

及后一起工作,"相顾辄笑"。

谁不知道这世上有个意气风发的元稹,得了制科考试第一名,又有谁不知道白居易掀起新乐府运动,口号喊得震天动地。

文章合为时而著,歌诗合为事而作。

全天下的书生,都要在这两人面前失色。

偏偏这两人还都是硬骨头,白居易写诗冷嘲热讽藩镇与宦官,元稹早一步当上了左拾遗,干脆屡屡上书弹劾藩镇跟宦官的党羽,还旗帜鲜明地支持时任监察御史裴度。

元稹

被触犯的权贵们串联弹劾，把元稹赶到河南做县尉了。

元稹没有气馁，继续支持白居易的新乐府运动，写了许多好诗。

这期间，元稹的母亲带着对元稹的骄傲无憾而去了。洒泪为母亲守了三年孝，元稹清楚母亲希望他成为什么样的人，他从小就听母亲讲圣贤书，他也愿意成为那样的人——忠义两全，一身正气照肝胆，像是书里讲过的那些英雄一样。

元和四年（公元809年）春。

那年元稹被提拔为监察御史，他风骨凛然，受命去查泸州小吏任敬仲的贪污案。

这理应是个小案子。离开长安的时候白居易去送他，清明刚过，暮春时节，西北风吹过十里亭，酒杯里映出桃李色。

元稹盯着白居易道："放心吧，长安有圣人，长安也有知己，我会早去早回，跟你一起同游曲江。"

三巡酒罢，元稹打马上路。

某个夜里，元稹忽然梦到与白居易以及另一个好友共游曲江。

醒来后他怅然若失，写诗说"忽惊身在古梁州"。

恰巧，这会儿白居易真的在跟朋友一起游曲江！

而且白居易也是一边玩一边想起了元稹，还给元稹写诗："忽忆故人天际去，计程今日到梁州。"

多少年后这两个人还是心有灵犀，一个说"我今因病魂颠倒，唯梦闲人不梦君"，一个更傲娇些，不说自己想对方了，非说是对方想自己了,害自己梦见对方——"不知忆我因何事,昨夜三更梦见君。"

这便是元白之好了。

当抵达剑南东川,元稹才发现事情不简单。

元稹在蜀中这一趟公差里,最广为人知的是他认识了一位红颜知己薛涛。

其实遇见薛涛是小事,更重要的是在这里元稹掀翻了整个西南官场。

元稹刚到的那天,就见到这里的百姓面有饥色,百姓们见到朝廷的人马,眼神里除了木然就是惊恐。他挑了挑眉,心想:白乐天,恐怕我要晚些日子才能回去了。

这时的元稹三十一岁,意气风发兼沉稳有度,他决心要查清当地潜藏的冤情。

泸州刺史刘文冀亲自接待了元稹。

这一路上,刘文冀的人始终陪同,全然没给元稹调查其他事务的时间。

至于任敬仲案,刘文冀早把重重证据摆得清清楚楚,只等元稹点头,就可以交差回京。如果元稹乐意,还能多收些额外的孝敬。

这或许是当时的基本操作。

但元稹没按套路出牌。既然刘文冀不让自己查,那自己就不查,反正总有人乐意告诉自己。

那人就是小吏任敬仲。

元稹

　　元稹在审任敬仲的时候,撬开了他的口,从他的嘴里得到的消息是前东川节度使严砺巧立名目,大肆掳掠钱粮,还抄了不少百姓的家。

　　而整个东川、几州刺史,要么沆瀣一气,要么视若无睹。

　　当天,马元亮等办案人员拿着任敬仲的口供,逼退一直围在身边的泸州官员,迅速查实严砺吞没八十八家百姓家产之事。

　　刘文冀等人咬死不认,说任敬仲污蔑,不信元稹一个外来户能查出什么证据。

　　但元稹还真查得出。

　　严砺征收税款,中饱私囊,当然是要巧立名目的。其中有一条,就是绵州、剑州的税收不够用,要加增梓州、遂州的税收。

　　元稹既然来了剑南道,来之前对这里的种种数据当然有所记忆。他诘问绵州、剑州的刺史,绵州、剑州前两年绝不缺粮钱,为何会税收不够,难不成是有人侵吞公款?

　　两州刺史回信,表示自己这边从来都是准额征收税款,从没少交,也并没有不够用。

　　元稹满意地拍拍回信,成了,严砺巧立名目的证据有了。

　　之后元稹又展现了强大的数据整合能力。

　　他写了一封奏折,把各州刺史、判官的名字与所征收的钱粮数目一一对应列出。这些数据清清楚楚地显示了他们中饱私囊、贪赃枉法的行为!

　　西南吏治,恶劣如此!

毕竟严家已经坐镇东川两代，与严家交好的鲜于家，更是从玄宗时期开始，就一直掌控着剑南东川。

这里是大唐的领土，可节度使都快世袭罔替了。

元稹的到来，就是要在这样遮天蔽日的掌控之中捅出一个窟窿。

那些日子里，这些信件在往来的路上有没有被阻截，查案的过程里有没有危险，被吞没了产业、被卖去为奴为婢的八十八家无辜百姓又遭遇了什么……不知有多少曲折的故事。

元稹就从这些故事里杀了出来，把那封奏折递到了长安。

只是严砺虽然已经死了，严家在长安同样有利益共同体，那些年他贪污的银两早就造就了一张盘根错节、无可撼动的利益网。

这封奏折递上去，除了严砺的身后名受损，严家没有多少损失。

而元稹所查的七州刺史联手贪污，最终也是大事化小。

唯一值得庆幸的，是严砺吞没的那些家产被还了回去，为奴为婢的人重获新生，曾经被剥削的百姓得到了些许补偿。

回到长安的元稹再次与白居易举杯共饮，不免有些惆怅。

元稹道："我知道，我的监察御史恐怕当不长了。"

白居易难得豪迈地将杯中酒一饮而尽："当不长又如何，万代青史，你都是真御史！"

元稹也跟着笑起来，他想无论如何，自己对得起母亲，对得起自己苦读的圣贤书。不管朝廷里的腌臜事，两人又约着同游曲江。

元稹

果然，不久之后元稹被贬去洛阳，离开了京城。

离开京城之后，元稹同样不安分。有浙西观察使打死县令，县令之子不敢诉；有人藏匿杀人凶手，苦主不敢捕。元稹统统敢查、敢报。

这期间，他的妻子去世了。

"曾经沧海难为水，除却巫山不是云。"

"惟将终夜长开眼，报答平生未展眉。"

"诚知此恨人人有，贫贱夫妻百事哀。"

这些都是元稹悼念他妻子的诗。

或许是他失去妻子之后更无所顾忌，连宦官——内园司的案子他也敢管，奏内园司越过律法直接抓人，要他们给个说法。

元和四年（公元 809 年），三十一岁的元稹，真是光芒万丈啊。

只可惜中唐的世道，容不下这样光芒万丈的人。

元和五年（公元 810 年），元稹在归京途中，投宿驿站的时候，宦官仇士良、刘士元等人与他发生争执，他们将元稹一顿鞭打，打得他头破血流。

元稹被打得有些恍惚，他想：我士大夫也，焉能如此待我？

而令他更受打击的事很快到来了。这事捅到朝廷上，天子反而以元稹失了体面为由，把他贬官了。

元稹受到了强烈冲击。

原来世界是这样的吗？

如果这世道如此污浊黑暗，如果只有和光同尘才能在举步维艰的大唐朝廷里做出点事，那为什么一开始要教我读圣贤书，为什么还要考那些道德经义？

元稹感觉自己的前半生白过了。

无边的黑暗与孤独里，只有白居易还在陪着他。

白居易连上三封奏折要救元稹，说元稹是一把锋利的刀，陛下不可让这把刀轻易折损，不然方镇嚣张，谁还制之？

奈何天子不听。

长安城外，芳草萋萋，又是一场别离。

白居易跟元稹枯坐长叹，再锋利的刀，在这样的时局里，也不过是一把生锈的废铁。

那年，白居易开始对仕途失望。

那年，两人倾尽杯中酒，白居易永远记得三十一岁、傲骨凛然的元微之。

其实人们心中都会对这个世界抱有柔软的希望，会说："冬天到了，春天还会远吗？"会说："寒霜刺骨，总有化冻的那一日。"

元稹大概也有过这样的时候。

几年后他被征召还朝，又一次在长安跟白居易相会。他们一起举杯，觥筹交错间，元稹又在白居易的眼里看到了意气风发的自己。

元稹来了兴致，开开心心地给白居易写诗："美人醉灯下，左右流横波。王孙醉床上，颠倒眠绮罗。君今劝我醉，劝醉意如何。"

白居易哈哈大笑。

也难怪很多年以后写出"小荷才露尖尖角"的杨万里会说他俩"一生少傅重微之""半是交情半是私"。

温暖的时光总是短暂的。人在跌跌撞撞长大之后，往往会发现原来冰冷的世界是常态，温暖才是意外。

几个月后，元稹再次被贬。

原本就身体不好的他，贬谪途中又是"哭鸟昼飞人少见，怅魂夜啸虎行多"，自然病重起来。

最难的那段日子，元稹是跟白居易一起度过的，他们互相唱和，在文坛留下了无数熠熠生辉的诗篇。这些诗传回京城，甚至一度遭人哄抢，使洛阳纸贵。

随着朝局更迭，旧皇逝去，新帝上位。新帝唐穆宗还是太子的时候，就特别喜欢元稹的诗，也尊崇白居易。

两人回朝后一路升迁，元稹成了宰相之一，白居易也披上了红袍。

只是白居易发现，元稹似乎跟从前不一样了。

这时的大唐，宦官当道，元稹作为新进的天子宠臣，宦官没道理不去结交他。

那些夜里，元稹辗转反侧，他也曾上过奏折痛骂干政的宦官，更受过宦官的欺辱。

只是如今难得有机会一展抱负，始终不结交任何宦官，可能吗？

元稹还想了许多，自己是凭诗文入了天子的眼，说是宠臣，更似近臣。

元稹闭上眼，眼前似乎就浮现出很久以后的史书中把自己描摹成一个邀宠小人的场景。

他睁开眼，长长吐出一口气，在暗夜中对自己说："我定要立功，让大唐欣欣向荣。"

于是元稹开始结交宦官，整顿吏治，揭发科考舞弊。

那些年天下不太平，北边的藩镇作乱，曾经主持平定过淮西叛乱的名臣裴度再次领兵出击。

时人以为，当裴度立功而回，必定再度拜相。

当然，不想让裴度拜相的人有很多，看不惯元稹的人也不少。这二人一个有功，一个有圣眷，要动他们，只能让他们互相攻讦。

这个计划被一个叫李逢吉的政治高手操盘，完美地实现了。

面对北方的叛乱，元稹提出离间几个匪首的计策，于是向北派出密谍。

长安的阴暗处，李逢吉正缓缓磨墨，字字斟酌，写信告诉裴度：元稹派去的人，其实是来杀你的。

裴度曾经遭遇过刺杀，那年被藩镇当街刺死的宰相，正是一路提携他的宰相武元衡，所以他最看不得此事。

更何况，元稹结交宦官，而宦官曾几次三番阻挠自己的军报奏章，

元稹

裴度很难相信其中没有元稹参与。

至于元稹会不会为了权势真的不顾大局来刺杀自己,裴度还在怀疑。

而李逢吉直接在朝中状告元稹意图行刺。这个案子查无实据,当然不了了之。但李逢吉退回暗中笑了起来,裴度与元稹的矛盾已经公开,那朝中就该有人站队了。

人在江湖,都是被推着走的。

裴度上表,希望严惩阻碍言路的宦官,话里话外,直指阻碍言路的人里就有元稹。

元稹也上表,说裴度师久无功,空耗钱粮,该让他回朝了。

几番折腾之下,元稹被责,裴度无功而返,北方的局势一片糜烂。

白居易去找过元稹。相府恢宏阔气,白居易面对几十年的老友,叹息道:"微之何至于此!"

元稹端着酒道:"常年远征,军粮供应不足,裴度既然不能速战速决,班师是应有之义。"

白居易皱起眉:"那也不必向叛军求和!叛军杀了朝廷官员,还杀了投靠朝廷的节度使。此例一开,无辜者枉死,尸骨无存,未来也不会再有藩镇改邪归正了。"

元稹放下酒杯,发出"咚"的一声闷响。

白居易的话戛然而止,他抬头看着元稹,相府中一时间只能听到蝉鸣。

须臾,元稹才道:"乐天不居其位,故能畅所欲言。再打下去,国库空虚,倘若前军再败,你考虑过后果没有?"

白居易站起来,凝望元稹,半晌才说:"当初你我想恢复的那个大唐,不会做如此想!"

元稹也站起来:"大唐早不是那个大唐了!"

二人对视,蝉鸣高柳,黄昏晚霞,斜照残酒。

最终天暗下来,白居易拂袖离去。

元稹望着白居易的背影,直到白居易消失在他的视野中,他仍旧伫立在庭内,看向幽深的长安之夜,看向无边无际的长安城。

这座城似乎是择人而噬的巨兽,顺着他的目光,把他也给吞了。

元稹叹了口气,忽然对这个世界意兴阑珊起来。

几日后,元稹、裴度同时被贬。

那一年元白再无唱和诗,直到某次宴席,元稹跟白居易偶遇。

这场宴席上的其他人都是达官贵人,都耳目灵通,知道元稹跟白居易之间的恩怨,此刻望着他们,气氛不由尴尬。

元稹遥遥对上白居易那双眼,仿佛能从中看到自己的青年时代,看到自己的颠沛流离,也能看到自己如今的鬓发苍苍。

他是如此多病,固然小白居易七岁,却显得比白居易更老。

元稹知道,自己或许没有几年可活了,岂能把遗憾留到九泉之下?

元稹冲白居易举杯道:"白二十二,我来为你写诗!"

元稹

就像我们之间,二十余年来数百首唱和诗一样。

风吹过白居易的心头,吹得他泪眼潸然,他快步上前,双唇颤抖却说不出话。两个老友隔着二十余年时光,像是回到了初见时。

这二十余年间大唐风流云变,这二十余年间世事催老少年。

元稹诗曰:"垂老相逢渐难别,白头期限各无多。"

白居易被这句诗刺进心里,他落泪握住元稹的手,万语千言,哽在咽喉。

他写《席上答微之》以回元稹:"富贵无人劝君酒,今宵为我尽杯中。"

元稹举着酒杯,任泪水落下来:"好,今朝为君尽杯中。"

在生命的最后几年里,元稹像是又变成了二十多岁的那个少年,在地方上兴修水利,关心田地民生,浙东大治。

几年后回朝,也像他年轻时掀翻西南官场那样,要大刀阔斧整顿吏治。

只可惜他刚开了个头,就被政敌赶出了长安。

这大唐毕竟不是太宗时期的大唐了,任凭你资历再高、本事再强,也做不了一把快刀。

但元稹已经不在乎了。

从贫寒的凤翔老家一路走到如今,起起伏伏,跌跌撞撞,爱过,也辜负过,意气风发过,也陷入泥潭过,到最后,终究没被这个世界改变。

大唐太和五年（公元831年），五十三岁的元稹病逝于武昌。

"曾经沧海难为水，除却巫山不是云。"

这句诗，也该是大唐为元稹而写。

文/心/诗/语
WENXINSHIYU

少年壮志难酬

离思五首·其四

曾经沧海难为水，除却巫山不是云。
取次花丛懒回顾，半缘修道半缘君。

元稹为自己的妻子韦丛写了多首悼亡诗。韦丛出身高门，是太子少保韦夏卿的幼女，从小过着锦衣玉食的日子。韦夏卿看中了元稹的才华，便将幼女下嫁给他。

虽是一桩政治联姻，韦丛并无半分怨言，婚后两人感情甚笃。七年后韦丛病逝，元稹感念亡妻，为她写了不少悼亡诗，这是其中最有名的一首。

意译

见过波澜壮阔的大海，再也不会为别处的水而驻足。见过巫山云雨的朦胧，再也不会为别处的云而心动。

匆匆经过花丛，我也懒得回望。这一半是因为修道之人清心寡欲，一半是因为我曾经遇见过你。

闻乐天授江州司马

残灯无焰影幢幢,此夕闻君谪九江。
垂死病中惊坐起,暗风吹雨入寒窗。

元和五年(公元810年),元稹因得罪了宦官刘士元,被贬为江陵士曹参军,后来又改授通州(州治在今四川达县)司马。

元和十年(公元815年),白居易上书,请求逮捕刺杀宰相武元衡的凶手,结果得罪了藩镇,被贬为江州司马。这首诗是元稹在通州听到白居易被贬的消息时写的。

意译

夜晚灯影摇晃,突然听说你被贬谪到九江。大病中听闻消息的我从床上惊坐而起,阴冷的风吹入我的寒窗来。

行宫

寥落古行宫,宫花寂寞红。
白头宫女在,闲坐说玄宗。

白居易曾用一首《长恨歌》描摹了大唐的兴衰，而这首诗中，元稹用短短二十字便写尽了大唐的落寞。

意译

在空旷寂寥的旧行宫里，花朵寂寞地开着。

几名白发宫女仍在，闲来无事，聚坐在一起，闲话前朝的玄宗皇帝。

杜甫

看清生活的真相后，依然热爱生活

文 / 迦楼罗火翼

杜甫

我们印象中的杜甫,好像从来就没有年轻过。

他紧锁眉头,坐在语文课本的插图里,白衣幞巾,须发萧疏,面容清癯,眼神深邃,连皱纹里都满是忧国忧民的愁绪。

叛逆又淘气的少年们纷纷拿起笔激情涂鸦:给他穿上盔甲,让他端起机枪;要不弹个吉他,要不骑个摩托;或者驾驶初号机,或者变身奥特曼……

这便是所谓的"杜甫很忙",如今都成为文化现象了。

对此大家骂也骂了,驳也驳了,辩论也辩论了,反思也反思了。

可是有人试想过吗——杜甫他老人家若泉下有知,会是怎样的反应?

视而不见?一哂置之?还是咬牙切齿地怒斥"南村群童欺我老无力"?

我想,杜甫只怕会默然不语,然后……毫不犹豫地加入这涂鸦的行列。想必他会在第一时间,给自己画上一对巨大的、洁白的翅膀。

因为杜甫的心里,住着一只沙鸥。

心有沙鸥

鸥鸟在中国文化中,从来都不是一种简单的水禽。

《列子·黄帝》中有这样一则寓言:有个人不知为什么很讨鸥鸟的喜欢,每次出海,它们都会飞来,成百上千地盘旋在他的身边,随着他的小船来回飞翔。此人的父亲发现了这一点,便要求他趁机抓一只回来,供自己赏玩。领了这样的命令,怀着这样的心思,这个人再次来到海边,鸥鸟们却远远地高翔于空中,再也不聚集过来了。

天真无邪,鸥鸟相亲;内生机心,鸥鸟远离。

由此,鸥鸟便成为一种象征,代表着无忧无虑、无拘无束的生存状态和自由自在、旷适逍遥的高洁灵魂。

它们永远处于世俗的企图、技巧、算计、野心的对立面,哪怕只是一星半点的心机杂念,在它们的面前也无所遁形。

所以一提到"白鸥盟""沙鸥集""海上狎鸥""鸥鹭忘机"等典故,高人隐士们都会相顾一笑,默契于心。

被后人尊为"诗圣"、作品号称"诗史"的杜甫,怀抱着"致君尧舜上,再使风俗淳"的宏图大志,感愤着"朱门酒肉臭,路有冻死骨"的社会现实,慨叹眼前"国破山河在,城春草木深",痛惜自己"不眠忧战伐,无力正乾坤",悲悼"君不见,青海头,古来白骨无人收",只愿"安得广厦千万间,大庇天下寒士俱欢颜"……谁又能想到,这样的他,心里却住着一只随风而逝的沙鸥?

杜甫

── 家园·还同海上鸥 ──

　　细草微风岸，危樯独夜舟。星垂平野阔，月涌大江流。

　　名岂文章著，官应老病休。飘飘何所似，天地一沙鸥。

　　这首《旅夜书怀》作于唐代宗永泰元年（公元 765 年），那时杜甫已经五十四岁了。

　　后世之人回看他这一年的遭遇，只怕都会摇头叹息——太动荡了，太艰难了，太戏剧化了……

　　可这样的一年，这样的日日夜夜，在杜甫的一生里，只是寻常。

　　那年四月，杜甫同时告别了支持他多年的好友和他苦心经营了许久的家园，挈妇将雏，仓皇登船，去寻觅新的栖身之所。

　　在此之前，他度过了大半生的颠沛流离，尝尽了人世间的辛酸苦辣，寒枝拣尽，沙洲宿遍，终于在唐肃宗乾元二年（公元 759 年）抵达蜀中。

　　"万里桥西一草堂。"在成都西郊浣花溪畔，杜甫总算是再次拥有了一个像样的"家"，甚至还登上了一生仕途的巅峰：任节度参谋、检校工部员外郎。"杜工部"之称也自此而来。

　　那几年，安史之乱渐渐平息，帝位皇权平稳交接，杜甫安家立业的希望似乎也近在眼前。

　　蜀中这段来之不易的清静生活，很大程度上有赖于剑南节度使严武的厚待。

　　严杜情深，不仅因为两家是世交——严武之父严挺之与杜甫之祖杜审言曾同朝为官，还因为他们有着共同的好友——宰相房琯，二人的宦海浮沉，常与其息息相关。

可严武性格豪强狠虐、喜怒无常,杜甫也多少继承了祖父恃才傲物的性情,因此二人常有些"相爱相杀"的火药味,从二人的言谈对话、诗作唱和甚至史籍笔记里流露出来。但在四十岁时一病不起之前,严武都守护住了那一亩草堂。

正是在那段有"家"的时间里,"沙鸥"开始出现在杜甫的诗行间,进而频频翻飞来往——他一口气作了近二十首诗:

"细动迎风燕,轻摇逐浪鸥。"

"啭枝黄鸟近,泛渚白鸥轻。"

"狎鸥轻白浪,归雁喜青天。"

……

那些皎洁的水鸟是多么轻盈惬意,多么怡然自得。它们以沙渚白浪为家,明明一无所有,却仿佛是整个天地的主人,轻风、江水、青天、流云、林木、羽伴……都只是从它们的世界路过的行客。

杜甫终于看清了,看清了自己的心灵与灵魂投影在自然万物间的幻象——一只雪羽沙鸥,冉冉凫翔,翩翩高举,在青山白云间,在水碧沙明间,在天高地迥间……

绷紧了大半世的心,被他人的水深火热灼烧的心,被自身的风霜飘零揉皱的心,终于随那对鼓满江风的翅膀舒展开来。

那应该是杜甫后半生里,最静好的一段时光吧。

可也就是短短六七年而已。

严武一死,成都也就再没有杜甫的容身之处了。

草堂虽未颓圮,但"家"已经不在了。

他不得不带着家人乘舟东下,再踏征程。从成都起锚,经嘉、戎、渝诸州,走走停停,抵达忠州时,已入秋。

秋日的脚程是那么快,天早早就黑透了。家人旅途劳顿,已鼻息酣沉,可杜甫却不能成眠。

转瞬之间,脚下坚实的土地变成了动荡的流水,这艘伶仃的小船怎么就成了他的"家"了?

沙鸥水居,原来是这样没着落的感觉——"人生无家别,何以为烝黎?"入蜀前写下的《无家别》里这一句,何尝不是他自己这一生萍飘蓬转的写照?

伸手不见五指的如磐长夜,就这样铺天盖地压下来,随着呼吸潜入杜甫胸中,凝结为前文那首《旅夜书怀》。

只有睁着双眼,熬过一个又一个长夜的人,才能有这极微又极大、极远又极近、极静又极动的感知。

一切从摇动纤细的枯草叶尖的一缕风开始,这缕风是那么微弱,甚至算不得风,只是一丝气流、一抹幽凉、一点预兆,稍纵即逝。

可是诗人的心捕捉到了。

还有诗人所栖身的小船中央,那高得令人不安的桅杆捕捉到了。

于是它们敏感地一齐摇曳了起来。

飘飘然,茫茫然,诗心随着那缕风高扬而去,绕过危樯,越过山峦,飞向低垂在天幕一角明珠般的孤星,回望洒满江面、随波流漾的水银般的月光。

星辰耿耿,俯视万物轮转;明月千年,映照江河奔腾。

时间宏大而庄严地运行着,不舍昼夜。

不计其数的生命在其间随波逐流,方生方死,方死方生。

无非大梦一场。

可在这浩瀚无边的时空里,在这森罗万象的梦境里,有一个灵魂醒着——

诗人的灵魂醒着。此刻的他半生潦倒,一无所成。此生如露,此身如寄。

从这照彻万古的清醒中,一只沙鸥倏地飞腾而出……

可以说,这也是杜甫第一次跳出人间尘世的眼界和框架,在宇宙与光阴的坐标轴里,明确地校准自己的位置。

《唐诗矩》说:"前后两截格。'一沙鸥'何其渺;'天地'字,何其大。合而言之曰:'天地一沙鸥。'语愈悲,气愈傲。"

何以悲,何以傲?只因为在这一刻,在这最凄凉孤苦的一刻,杜甫悟到了自己真正的家园,正是自己,唯有自己。

以身为家,别无长物,他是最渺小的沙鸥,遨游在最广阔的虚空里,还有谁能比他更孤独?而仁者以天地万物为一体的担当,恰恰从这份孤绝里生出。

这是杜诗的格局,这是杜甫的胸襟。

家族·鸥归只故池

杜甫

旅程并没有结束。

从忠州出发经云安,杜甫一路辗转来到了夔州。

那时已是唐代宗大历元年(公元766年)。在当地都督柏茂林的关照下,杜甫为公家代管百顷屯田,自己也租了片地,种粮栽树。生活仿佛又回到了在成都时的状态,甚至更加忙碌。

他又开始一首接一首地书写沙鸥:

"急急能鸣雁,轻轻不下鸥。"

"山寒青兕叫,江晚白鸥饥。"

"猿捷长难见,鸥轻故不还。"

……

这时的沙鸥,多了几分回遑不定的去意。

去哪里呢?

江浦寒鸥戏,无他亦自饶。却思翻玉羽,随意点春苗。

雪暗还须浴,风生一任飘。几群沧海上,清影日萧萧。

这首五律就叫作《鸥》。作此诗时,杜甫已在夔州盘桓了近一年时光。

五十六岁的他,不再主观地揣度沙鸥无欲无求,也不再天真地羡慕沙鸥高洁无瑕,无欲无求不正因为本无所有,高洁无瑕难道能离开清白自守?

这分明是内外交困,哪里有自由?哪里能自由?

他看到了沙鸥身不由己。

渚清沙白的海滨江浦，原来根本是沙鸥的家园归处。万里悲秋常作客，他和它都一样。

可杜甫不想再当客了，叶落归根，狐死首丘，孤舟一系故园心——他要回家。

在夔州仅仅待了不到三年，思乡心切的杜甫便再度取道水路，经江陵、公安至岳阳，一路北行，向故乡巩县而去。

人这一辈子，一定会有个锚点，来维系他穿越人生之海时那不期而至的狂风暴雨。

对于李白，这个锚点可能是朋友；对于高适，这个锚点可能是功名；对于王维，这个锚点可能是佛法；而对于杜甫，这个锚点，是家。

从来都是，一直都是——家：家园、家乡、家族、家庭、家人……

如今有句话："不幸的人，用一生治愈童年；幸运的人，用童年治愈一生。"

杜甫无疑是幸运的。

他的童年时光，大部分是在家乡附近，在家族的庇护下度过的。

"城南韦杜，去天尺五"，杜甫出身北方大族京兆杜氏。同为晋代大学者、名将杜预之后，"大杜"和"小杜"多少还有些渊源：杜甫出自杜预次子杜耽一支，杜牧出自少子杜尹一支。

杜甫的成长环境浸透着水墨书香，祖父与外祖父分别是名列"文章四友"的杜审言与崔融。

明人胡应麟评价，在唐初五言、七律尚不成气候时，杜审言首倡二体之妙；而释空海，对，就是电影《妖猫传》里那个沙门空海，在

其《文镜秘府论》中述及诗之十体时，指明是来自崔融的《新定诗体》。也难怪杜甫自豪地宣称："诗是吾家事，人传世上情。"

而崔融更是门第不凡，系出清河崔氏，传说其母是唐高祖李渊的孙女，其妻则是唐太宗李世民的重孙女。杜甫的母系家族同样显赫。

而杜甫从小就与众不同。要说神童，他确确实实当得起："七龄思即壮，开口咏凤凰。"要说顽童，他也不遑多让："忆年十五心尚孩，健如黄犊走复来。"还有"庭前八月梨枣熟，一日上树能千回"，放到今天，算得上不折不扣的"熊孩子"。

怕什么？他有底气。

他十九岁出游郇瑕，二十岁漫游吴越；就连二十五岁于洛阳考进士落第，他也丝毫没有放在心上，转头便与好友一道，"放荡齐赵间，裘马颇清狂。春歌丛台上，冬猎青丘旁"。

他看过公孙大娘的舞，听过李龟年的歌，跟高适有话说，跟李白也玩得来。

青少年时代的杜甫，见过最壮美的河山，遇到过最了不起的人，眼底有"会当凌绝顶，一览众山小"的豪迈，心里有"痛饮狂歌空度日，飞扬跋扈为谁雄"的挚诚……

可这一切，终结于唐玄宗天宝六载（公元747年）。

这一年，杜甫遇见了他生命里的拦路虎——李林甫。

当时唐玄宗诏"天下士有一艺者，皆得诣京师就选"，三十六岁的杜甫当即前往长安应试，却再次落第。

不仅他落第，那年根本没有任何一名士子高中，主试官李林甫对此的解释是"野无遗贤"。

这理由听起来多么不可思议，可再荒唐，玄宗也接受了。

这四个字是李唐君王的梦想，也是他们治国能力的证明——当年太宗李世民在推行科举制度时，曾放下一句豪言："天下英雄尽入吾彀中矣。"

而渐渐怠惰于朝政、沉溺于享乐、蒙蔽于阿谀中的玄宗，自负地认为，曾祖做得到的，自己同样能做到。

横遭摧抑，杜甫并没有就此认命，他奔走干谒，抓住一切可能的机遇。四年后唐王朝将举行祭祀神仙、祖先和天地的盛典，他提前献上《三大礼赋》，凭着文采才华换得了待制于集贤院的资格，可主选者，仍是李林甫。

结果可想而知。

此后杜甫客居长安十年，虽然"读书破万卷，下笔如有神"，却被迫"朝扣富儿门，暮随肥马尘"，只换得"残杯与冷炙，到处潜悲辛"，终悟到"纨绔不饿死，儒冠多误身"。

在《奉赠韦左丞丈二十二韵》的最后，他直陈自己的心愿——"白鸥没浩荡，万里谁能驯？"

这首诗作于天宝七载（公元748年），在诗里，年近不惑的杜甫，第一次将自己与白鸥作比。

他依旧是自由的飞鸟，拥有不羁的灵魂。

那是因为他还有家乡可回去，还有家族可依靠。

即便是多年之后，国破家残，因战乱而流离，亲族——尤其是树

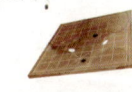

大根深的崔氏母族依然给了他宝贵的周庇和温情。

对于杜甫而言,崔家这些事业有成、颇具名望地位的亲眷,承平时,是前路的提携者,艰难时,是背后的承托。

他为崔氏族亲写过数十首诗作,大多集中在安史之乱前后。其中作于唐肃宗上元二年(公元761年)的《客至》有一行小注:"喜崔明府相过。"

> 舍南舍北皆春水,但见群鸥日日来。
> 花径不曾缘客扫,蓬门今始为君开。
> 盘飧市远无兼味,樽酒家贫只旧醅。
> 肯与邻翁相对饮,隔篱呼取尽余杯。

彼时杜甫客居于蜀中浣花草堂,生活虽暂时安定,可故人星散,音信不通,"寄书长不达,况乃未休兵",幸有这位崔明府时时前来探望。

他不是杜甫的舅舅,便是表兄弟,甚至有可能和白水令崔顼一样,其实是博陵崔氏子弟。

但人在异乡,只要沾亲带故,也到底有个依傍。

草堂客迹寥寥,崔明府是为数不多的拜访者,此外,便只有日日飞来相伴的白鸥。

他的到来,让杜甫多么欣喜啊——即便没有珍馐佳酿、高朋满座,只有粗茶淡饭、邻翁作陪,也足以令人慰藉。

他们会说起什么呢?

也许只是些无关紧要的家常闲话吧。

闲话中，必定少不了像群鸥一样流落天涯的家人们……

家人·残生随白鸥

古人诗文中的"家"常常不是如今我们所理解的家，它是一种社会组织形态、一种抽象的伦理结构。

父母亲人、兄弟姐妹之间真真切切的情感流动，锅碗瓢盆、柴米油盐这样实实在在的寻常烟火，那些活生生的人、活泼泼的事，都是小儿女态，男儿志不在此。

可杜甫却偏爱写小儿女，堂堂正正，从不掩饰避讳。

他坦率而深刻地爱着他的家。

其实杜甫面对的家庭关系，远比我们想象的复杂。

他在家中排行第二，但长兄夭折，母亲崔氏也早早亡故。父亲杜闲续娶范阳卢氏，继母先后生下了杜颖、杜观、杜丰、杜占几个弟弟和一个妹妹。他们和杜甫的年龄差距不小，即便是杜颖也要小杜甫十岁左右。

杜闲并不是一个不负责任的父亲，但年幼的杜甫还是被寄养在了洛阳二姑母小裴杜氏家中。

所幸姑母极贤达，待杜甫极好，甚至胜于己出，他才能度过那么恣意自在的早年生涯。

可是开元二十九年（公元741年），杜闲因病去世；次年，给予他无限关爱的二姑母也撒手人寰。杜甫这个长年漂泊在外的哥哥，还没

有走出丧亲之痛，就不得不承担起整个家庭的重任，尝试去扮演"长兄如父"的角色。

好在这个时候，他已经学会做一个丈夫，学会支撑一个小家了。

杜甫的妻子出自弘农杨氏，是司农少卿杨怡之女。她屡屡出现在杜甫的诗章里，被他满含愧疚与自责，又带着几分亲昵与不拘地唤作"老妻""山妻""瘦妻"。

其实杨氏比杜甫要年轻很多，在杜甫眼中，她真正的样子是"香雾云鬟湿，清辉玉臂寒"，是"佽离放红蕊，想像嚬青蛾"，自是神仙一般的人物。

过往文人们写到自己的妻子，往往赞颂她们坚贞、贤惠、孝顺、勤劳、隐忍……只有美德，无关美貌。

他们更吝于真情流露，或者说宁可表达愧疚，也不愿袒露爱意，眷恋、思念、欣赏，只出现在悼亡之作里。

对于他们，妻子是完善德行的工具、证明品格的凭据。

所以李商隐的一句"何当共剪西窗烛，却话巴山夜雨时"难得，杜甫的"何时倚虚幌，双照泪痕干"也难得。

他爱她，也爱两人的子女，常用"娇儿""痴女"来称呼他们，为他们的天真忍俊不禁，也因他们的饥寒自责不已——世事再艰难，他至少也要撑起一把伞，伞下是他的妻小、手足……

然而战事发生，杜甫的伞霎时四分五裂：妻子儿女被迫逃往鄜州羌村避乱；异母弟妹天各一方，有的在山东，有的在河南，有的在安徽；他自己则一路追随肃宗，几度死里逃生。

"露从今夜白,月是故乡明。"如今中秋月圆时,我们常会用这句诗来寄托祝福,短短十个字,意境澄澈,乡情绵长。

它出自《月夜忆舍弟》。这首诗作于史思明称王称帝、九节度使兵败相州的乾元二年(公元759年)……那正是大唐时局最黑暗混沌的时候,露白月明的后一句,便是"有弟皆分散,无家问死生"。

那不是落在某人头上的一粒时代的尘埃,而是笼罩整个大唐的暴雨。

杜甫一个人,竭尽全力将伞补缀好,扛起来。

弃官携家人流寓秦州时,他把最年幼的弟弟杜占带在身边;转赴同谷县陷入穷愁绝境时,他悬心远方的弟弟、孀居的妹妹……

为此筋疲力尽的他,非但从未逃避退缩、诉苦抱怨,甚至还想着要为全天下的寒士撑伞。

为什么杜甫在我们的印象中总是苍老的?正是因为这样沉重的责任感,催老了他的眉头。

在蜀中难得的安稳时光里,他写下了这样一首《江村》:

清江一曲抱村流,长夏江村事事幽。
自去自来梁上燕,相亲相近水中鸥。
老妻画纸为棋局,稚子敲针作钓钩。
多病所须唯药物,微躯此外更何求。

这首诗写于上元元年(公元760年)。此时年近半百的他,在某个平凡的夏日午后,不经意一个转身,忽然看到了一生中最期待的画面:

草木茂盛的清江水畔，沙鸥成群，比翼齐飞；静谧安闲的草堂檐下，燕子筑巢，呢喃细语。妻子儿女在游戏，专注却又松弛，似乎连天烽火只是昨夜的噩梦，根本就未曾存在过。

真好啊，他牵挂的人都在。

这不是他最想要的生活吗？他还想求什么？还能求什么？

唯愿此刻永存。

树欲静而风不止，命运会推着人走。杜甫便被推着，来到忠州月夜的那艘船上，来到夔州北上的那艘船上。

他朝着故乡一路进发，朝着少年时代的回忆进发，朝着物是人非的家园进发……

可突然间，命运筑起了无形的迷墙，杜甫的行程骤然遭遇阻滞：从潭州开始，衡州、耒阳、郴州，一路兵燹、水患、饥饿、酷暑，兜兜转转，他又被迫折返回潭州。

他被困住了，他回不去了。

大历五年（公元770年）的一个冬日，在由潭州驶向岳阳的一条小船上，心力交瘁的杜甫溘然长逝。

那一天，那一刻，那条船的周围，一定有乱云飞雪般的鸥群，在蹁跹飞舞吧……

其实客居西南的这十年，杜甫人生最后的这十年，他足足写了一千多首诗，占其毕生诗作的七成有余。数十首涉及沙鸥，说少也不少，说多却也不多。

沙鸥超然物外，与世无争，这正是杜甫最羡慕的吧。

可他这一生却不得不争：为亲人争，为爱人争，为朋友争；与浊世争，与战祸争，与生死争……

杜甫很忙，他真的太忙了。

如果可以，在涂鸦时，请为他画上一双羽翼吧。

让他化身沙鸥，自由地去往旷远无垠的天地之间。

文/心/诗/语
WENXINSHIYU

漂泊的沙鸥

望岳

岱宗夫如何?齐鲁青未了。
造化钟神秀,阴阳割昏晓。
荡胸生曾云,决眦入归鸟。
会当凌绝顶,一览众山小。

《望岳》是杜甫二十四岁(公元735年)漫游至泰山时的作品。那时他虽然科举落第,但并不沮丧,心中反而充满着少年人独有的豪情壮志。那时候的杜甫大概还不知道自己前路多坎坷,也不知道后人会将他的诗称为"诗史"吧。

那一刻的他,是登临泰山、意气风发的少年。他的雄心壮志随着他的诗,永远定格在我们的心中。

意译

泰山是怎样的呢?在齐鲁大地外,还能望见高耸入云的泰山峰顶。

它是天地造化的杰作,天色的昏晓被割于山的阴、阳面。

站在山脚之下,看到层层云雾缭绕于山间,心胸像经过洗涤一般。极目远眺,远处的归鸟飞入山中。

我一定要登上泰山顶峰,俯瞰其余渺小的众山。

登高

风急天高猿啸哀,渚清沙白鸟飞回。
无边落木萧萧下,不尽长江滚滚来。
万里悲秋常作客,百年多病独登台。
艰难苦恨繁霜鬓,潦倒新停浊酒杯。

三十多年后,即大历二年(公元767年),杜甫在漂泊无依的旅途中写下了这首伟大的《登高》。安史之乱不仅改变了大唐的命运,也改变了杜甫的一生。写下这首诗时,安史之乱已经结束四年,但天下仍不太平。杜甫本在成都草堂做严武的幕僚,有一栖身之地,无奈严武病逝,杜甫失去了依靠,不得不继续漂泊。当他来到夔州,

杜甫

登上白帝城外的高台,这一刻他百感交集。年少时的豪情壮志历历在目,但转眼间他已经成了一位病痛缠身的困窘老人。

杜甫一生壮志难酬,孤苦漂泊,写出了这首"高浑一气,古今独步"的"杜集七言律诗第一"。

意译

秋风呼啸,天空高远,猿猴的哀鸣声回荡在空中。清澈的江水洲渚上,鸟正在半空中盘旋徘徊。

无边的落叶在风中萧萧飘落,奔腾不息的长江水滚滚而来。

漂泊他乡时,悲苦常驻心头;年老多病时,独自登上高台。

时局艰难,困窘的生活让我的两鬓染霜,潦倒衰颓,偏又戒掉了浇愁的酒。

旅夜书怀

细草微风岸,危樯独夜舟。
星垂平野阔,月涌大江流。
名岂文章著,官应老病休。
飘飘何所似?天地一沙鸥。

《旅夜书怀》是杜甫离开夔州，漂泊到江陵一带时的作品。受夔州都督柏茂林的照顾，杜甫得以在夔州短暂停留。这一时期只有两年，他却创作了四百余首诗。困顿之余，回首漂泊往事，他常常百感交集，一首首诗在他的笔下一蹴而就。

当时他还不知道，前路等待他的依然是无尽的漂泊，直至他在辗转漂泊中逝世。

意译

微风吹拂着岸边的细草，孤零零的船只在夜里停泊。

星星低垂，广阔的平野显得更加辽远；月光涌动，映照着浩浩荡荡的大江。

名声岂是来自文章？我年老多病，无法负担起朝廷的重托。

我就像天地之间的一只沙鸥，孤零零地漂泊于这人世间。

白居易

回首看去，也无风雨也无晴

文 房昊

人生如果分四季的话，万里春风，一地霜白，这些不由分说撞在你身上的际遇，常染青丝成白发，又把轻狂埋他乡。

但仍旧有许多人，一腔热血未消退，又或者满目星河不染尘。只是这些人离我们太遥远，这些人多是圣贤，是诗仙，是我们不可触及的灵魂彼岸。

那么，寻常人能不能挡得住人间行路难、寒来暑往相侵袭呢？

当然还是能的。

无非野火烧不尽，春风吹又生。

白居易心中的春草，也曾经被这世道的烈火烧毁过，但他仍旧会一次次爬起来，呵护着自己心中那点暖意，抬头笑对这个昏暗的世界。

离离原上草，一岁一枯荣。野火烧不尽，春风吹又生。

这大抵就是寻常人可以永远心怀热烈的秘诀了。

白居易生于唐代宗大历七年（公元772年）正月二十。他出生的时候，藩镇割据的天下间充斥着战火动乱。

从河南到徐州，从徐州到宿州符离，最后再到越州，战火迫使白居易颠沛流离。

白居易到底是幸运的，出生在一个官宦之家。虽然爷爷奶奶在他两岁的时候就病逝了，他父亲仍旧有能力保护家小。

只是白居易家也不是什么大富大贵之家。大唐科举分明经、进士两科，在世家门阀眼里，只有进士才算是科举及第，明经出

身往往只能做基层官员。

白居易的祖父和父亲都是明经出身。

所谓"三十老明经,五十少进士",三十岁考上明经都算年纪大了。对于家境不好的年轻学子而言,生活的压力滚滚而来,考明经不失为一个好出路。

白家对白居易的人生规划,原本也是这样的。

所以白居易直到十五六岁,才知道原来这世上的科举考试还有进士科,进士及第者更受皇上重视,初入仕途的地位与明经及第者堪称天差地别。

白居易兴冲冲地跑回家里,对爹娘道:"我要考进士,我要进士及第,光宗耀祖,为天下苍生出一份力!"

白父看他一眼,笑了:"爹当年也是这么想的。"但进士太难考了。

白父拍拍白居易的肩膀:"你现在还小,还有时间试错。少年心气总是生出凌云志,可凌云志不能当饭吃。日后被进士科摧残了,记得接受现实。"

白居易还是特别自信地笑:"放心,儿子一定能中进士!"

少年时指天画地的豪言壮语,往往不会被人当真。父母报以鼓励或欣慰的目光,有时不过是对孩子积极向上态度的一种敷衍。

无论年少时轻狂不轻狂,人长大了,往往得和光同尘,接受现实。

但白居易不接受。

既然想要考进士,又知道进士科是真的难考,白居易就夜以继日、废寝忘食地学。

那些年里,白居易看书时把手肘撑在桌上,长时间苦读之下,日复一日,手肘都被磨破了,他也是真的出声读,读到口舌生疮,犹不停歇。

白居易的学识日益增长,诗也一天比一天写得好:"花非花,雾非雾。夜半来,天明去。来如春梦几多时?去似朝云无觅处。"

是时兴的写法,令人拍案叫绝。

由于学习太过拼命,白居易大病一场,可他躺在床上病恹恹地还写诗:"久为劳生事,不学摄生道。年少已多病,此身岂堪老?"

顾影自怜、伤春悲秋的少年白居易,还在少女苏简简早逝后写下了名句妙笔:"大都好物不坚牢,彩云易散琉璃脆。"

那会儿白居易也没想到,自己能从中唐活到晚唐,七十五年生涯,把自己活成了大唐华章。

大唐科举是不糊名的,要想考中进士,名声先要打出去,否则主考官点寂寂无闻之辈为进士,显得难看。

十六岁的白居易带着自己的诗集去了京城长安。

长安这个地方,梦里梦到全是好,白居易隔着几千里想到长安,想到的全是九重宫阙、玉殿真龙,自己妙笔一支,来此就能名扬天下。

可等他真的来了,才发现长安城里人才济济,摩肩接踵,贵

人们眼高于顶、高傲自大,多的是书生明珠蒙尘、怀才不遇,只能迎来西风残照、落寞凄凉。

白居易运气好些,没奔走多久,刚来京城几个月,就成功见到了顾况。

或许是因为白居易勤苦好学、妙笔生花的名头已经从家乡符离传出,或许是因为那天顾况心情特别好,当门人告诉顾况有个叫白居易的学子来拜见,他当即一笑:"居易?长安米贵,居大不易啊。"

当顾况翻阅白居易的诗文时,越看目光越亮,直至看见"野火烧不尽,春风吹又生"这句,不禁拍案叫绝。

顾况笑道:"有句如此,居亦何难?"

当日顾况就叫来白居易,两人谈诗论文,宴饮大醉。走出顾况家门后,白居易名动京城。

二十九岁,有些人还在磕磕绊绊考明经的时候,白居易成功考中了进士。

那时的白居易意气风发,跟同榜进士一起游大雁塔的时候,轻狂溢出笔端,挥毫写下:"慈恩塔下题名处,十七人中最少年。"

天下英才济济,但今年只有十七人中了进士,而在这十七人中,我最少年!

或许白居易此时唯一的遗憾,就是父亲已经去世,没能见到他金榜题名的这一天。

按照大唐的选官制度，士子们并非通过科举之后便可以坐等分配，白居易等学子还要经过一段时间的守选，再通过制科考试，才能得到官职。

这段时间白居易在京城备考，认识了此生挚友——元稹。

两人同在备考，一见即成为知交，天天凑在一起读书，预判今年会考什么题目，还互相给对方出题，答完了题目再互相批改。

这个过程中，两人越看对方越觉得顺眼，我觉得你人间最孤高，你眼里我天下最逍遥，反正怎么都是好。

那天这两人一起备考，阳光正好，偶尔四目相对，也会忽然心中一动。白居易觉得元稹的笔好，元稹觉得白居易的墨香，两人也不客气，互相拿过来把玩。

两只手交错在半空的时候，两人怔了一怔，齐声大笑。

后来，三十二岁的白居易得到了人生中第一个官职——秘书省校书郎，大唐官场最好的起家官。

这是个清贵的官职，白居易那会儿的生活像是在美梦中。

白居易自己也觉得这日子太好了，忍不住写了首长诗，其中有言："三旬两入省，因得养顽疏。茅屋四五间，一马二仆夫。俸钱万六千，月给亦有余。既无衣食牵，亦少人事拘。遂使少年心，日日常晏如。"

这种事少钱多、前程远大，没有办公室斗争，身边还尽是好友的工作谁不想要啊？！

当然，这样的好日子也是会到头的。

之后的许多年里，白居易像所有被朝廷看好的年轻人一样，经历了从秘书郎到县尉，再回京城当翰林学士、左拾遗的过程。

如果没有意外，再次外放就会是主政一方的地方大员，主政完了就会回朝当大官。

可还是出了意外。

以白居易这种年少轻狂又有点话痨的性格，不出意外才奇怪。

别人写诗喜欢写花前月下、美人山河，这些白居易当然也写，而且写得比大部分人都好，但他不止于此。三十五岁的白居易挥毫写下长篇叙事诗《长恨歌》，震撼了大唐诗坛。

白居易还要开宗立派，革新大唐的诗风。

那年他当县尉，负责征收捐税。当他走进田间地头，见到五月酷暑，百姓还在田里耕作，不禁为之泪下，写下了著名长诗《观刈麦》，其中有言："足蒸暑土气，背灼炎天光。力尽不知热，但惜夏日长。""今我何功德，曾不事农桑。吏禄三百石，岁晏有余粮。"

白居易咬咬牙，转头就去跟上司探讨征收捐税之事，务求减轻一县之民的困苦。

这首《观刈麦》像是突兀冒出的礁石，猝然撞上大唐诗坛的滚滚浪花，令人印象尤为深刻。

回京之后，白居易任左拾遗。这是杜甫、陈子昂都曾担任过的官职，白居易自然很兴奋。

他这人跟苏轼有点像，一兴奋就喜欢写诗。这首《初授拾遗》中有言：

> 杜甫陈子昂，才名括天地。
> 当时非不遇，尚无过斯位。
> 况余寒薄者，宠至不自意。
> 惊近白日光，惭非青云器。

你看，我这后生晚辈，就这么点才华，怎么就跟杜甫、陈子昂一个位置了呢？

当时白居易多次上奏，请求降低赋税，放出宫人，禁止掳掠买卖良家子，争了两年，终于让朝廷允了他的折子。

白居易长舒了一口气，这会儿他才觉得自己勉强对得起脑海中挥之不去的辛劳百姓。

但还有更多的事，白居易根本做不到。

他终于意识到，自己这个年纪，在这个左拾遗的位置上，除了说说好话，找点不痛不痒的小事进谏，根本左右不了大局。

顺风顺水的白居易，第一次感到愤懑。

元稹比他还愤懑。元稹在朝中全是对头，藩镇不满他，宦官想搞他。两位好友憋了一肚子气，把平日里不能在朝堂上说的话，全写进了诗里。

两人开展新乐府运动，谈"文章合为时而著，歌诗合为事而

作"。

　　　　　可怜身上衣正单,心忧炭贱愿天寒。

这是写宦官强买强卖,卖炭翁苦不堪言。

　　　　　平时安西万里疆,今日边防在凤翔。
　　　　　……
　　　　　纵无智力未能收,忍取西凉弄为戏。

这是写边将不想着收复河山,天天就知道玩弄西凉伎。

　　随着白居易在文坛的名声越来越大,政坛上看他不顺眼的人也越来越多。他跟元稹一样得罪了宦官跟藩镇,连党争之中的小人也总是对号入座,觉得他的某些诗是在骂自己。

　　白居易服母丧结束后第二年,朝中发生了宰相武元衡被当街刺杀一事。

　　白居易激愤不已,四十多岁了,他仍旧能像年少时那样被激起热血。然而满朝文武,几乎人人生畏,除了同时遇刺的裴度还吆喝着不能停止对藩镇用兵,全是想言和的。

　　白居易上了一封奏疏,要求务必严惩凶手!

　　可那群人办不了受害者裴度,还办不了白居易吗?

　　有个叫王涯的,灵机一动,他可太知道白居易的话痨属性了,当即去翻他的诗。

　　这几年白居易果然也写过诗,王涯顿时就激动了、兴奋了,宛如跳梁的小丑见到了英雄身上的疮,指着诗大声道:"白居易他娘看花坠井而死,白居易还咏花写井,这是什么?这是不孝啊!"

于是白居易被朝廷以"有害名教"的罪名,贬为江州司马。

元和十年,予左迁九江郡司马。明年秋,送客湓浦口,闻舟中夜弹琵琶者,听其音,铮铮然有京都声。

那场宴席已经散了,那些琵琶声跟泪水也已消失了,白居易坐在孤舟之中,望江月茫茫,提酒对着人去船空的位置,依稀看到琵琶女,又似乎见到的是当初年少轻狂的自己。

白居易又开始写诗。

> 转轴拨弦三两声,未成曲调先有情。
> 弦弦掩抑声声思,似诉平生不得志。

我何人也?

起于寒微之中,虽然没有杜甫那般悲天悯人的性子,拼着自己冻死也要大庇天下寒士,可也从来都是推己及人,自己暖了便想让天下人暖,自己有这些俸禄,便不想让百姓在严寒酷暑中冻死饿死。

我想改变这天下,可为何事事都不如愿?

> 曲罢曾教善才服,妆成每被秋娘妒。
> 五陵年少争缠头,一曲红绡不知数。

我也曾扬名天下。我是大雁塔下的轻狂少年,我是长安城里掀起新乐府运动的旗手,不知多少人想见我一面,想让我点评他们的胸中笔墨,又不知有多少人嫉妒、怨恨我,可他们的种种目

光还是挡不住我的诗使得"洛阳纸贵"。

我跟元稹"今年欢笑复明年，秋月春风等闲度"。

我以为我的一生都将如此。

弟走从军阿姨死，暮去朝来颜色故。

门前冷落鞍马稀，老大嫁作商人妇。

……

夜深忽梦少年事，梦啼妆泪红阑干。

原来人的一生是分四季的，万里春风、一地霜白，全由不得自己。

那些年曾经看重自己、欣赏自己、庇护自己的长辈们不知何时已离开政坛了，我不再是被包容的青年才俊了。皇上都开始嫌我不懂事，我为何还要写这么多讽喻诗？

今上不是太宗，我也当不了诤臣，可左拾遗不就是干这些事的吗？

如果这个世道最终还是要求你和光同尘，要求你明哲保身，那为何圣贤书教我兼济天下，教我"虽千万人吾往矣"？

同是天涯沦落人，相逢何必曾相识？

……

座中泣下谁最多？江州司马青衫湿。

这次贬谪期间，白居易写了另一首传世之作《琵琶行》。

白居易在写完这首诗之后，"东船西舫悄无言，唯见江心秋月白"，他仿佛看到曾经的少年冲他挥手一笑，纵身一跃，沉入大江之中了。

那个写讽喻诗的白居易,不见了。

江州司马泪痕未干,面无表情,静静饮下一杯酒,告别了当初的自己。

原来挥别轻狂,放下热血,就是步入中年。

白居易自嘲一笑,终于也学着和光同尘,换来了复起的机会。他跟元稹一起回到了长安城里,他穿上了五品绯袍。

而元稹更受皇帝重视,一年数度升迁,两年即升为宰相。

白居易这次回朝为官,虽说总是劝自己要成熟稳重,但事情真撞上来,他还是当日的少年。

当时有个叫姚文秀的秀才,家暴杀了妻子。此人精通律法,堂而皇之去官府自首,说自己乃是跟妻子互殴,无意之间致其死。

斗殴失手杀人,本就不是大罪,丈夫打死妻子,再罪减一等,姚文秀已经算过了,最好的情况就是只交点罚金,再严重也丢不了性命。

没想到案子传到京城,大理寺小官崔元式看了眉头紧皱,问这为什么不判故意杀人。

刑部跟大理寺的大人们说,之前都是这么判的,你硬要改判,就是找麻烦,不仅这个案子麻烦,你自己也会很麻烦。

崔元式沉默了几天,还是决定写下判文,将此案定性为故意杀人。

白居易在崔元式身上看到了曾经的自己。他站了出来，为崔元式，也为枉死的妇人发声。

白居易对律法的解释十分精准，洋洋洒洒一篇奏状呈上去，硬是把大理寺跟刑部驳得哑口无言。

判决下来，姚文秀死刑。

白居易拍拍自己的官袍，一边为无辜的妇人叹息，一边又觉得大唐还是有些希望的。

只可惜白居易这样的人到底是少数。人在江湖，身不由己，他的好友元稹登上了相位，也不由得被卷入党争之中。

那时河北正有战事，裴度被任命为平定叛乱的主帅。元稹跟裴度理念不同，又有奸佞挑拨，元稹阻挠裴度的军事部署，裴度指责元稹结交宦官、堵塞言路，两方互相攻讦不停。

不久，裴度被下令罢兵。

白居易决定再一次牺牲自己的政治前途，不惜与元稹绝交，只为曾经力挽狂澜、一度中兴大唐的名臣裴度发声。

那日早朝，白居易出列上书，名曰《论请不用奸臣表》。

白居易说："臣素与元稹至交，不欲发明，伏以大臣沉屈，不利于国，方断往日之交，以存国章之政。"

元白之交，大唐无人不知，人们怎么也没想到，会是白居易站出来，要于元稹断交保裴度。

这封奏疏影响太大，不久，元稹、裴度同时被贬。

经此一事，白居易也心灰意冷，主动请辞，被外放到杭州任刺史。

当初你我被贬时，相隔万里诗文传笑，如今呢？

长庆二年（公元 822 年），元白再无唱和诗。

"欲买桂花同载酒，终不似，少年游。"

也有人说白居易攻击元稹的折子是假的，因为折子里说白居易自己位居谏列，可当时白居易并没有相应的官职。还有人说元稹结交宦官之类是假的。许多学者为此争论不休。

但不管怎么说，元白的故事也不可能定格在断交的隔阂上，他们被贬的地方相邻。

事过一年，元稹去找白居易了。

白居易开门宴客，在人群中又见到了那个熟悉的身影。而分别仅一年，元稹就已经苍老太多。

白居易心中一痛，想开口询问，却又难以开口。

席间，有宾客笑着说："元白在此，焉能不作诗？"

有人戳了戳这位宾客，他才猛然想起，元白虽好，也是有矛盾的。

宴席一时冷了下来，众人面面相觑。最终还是元稹轻咳了一声，道："那我先写一首吧。"

元稹题诗，尾句曰："垂老相逢渐难别，白头期限各无多。"

暮气沉沉,万事成空。

白居易被这句诗刺进心里,他忽然起身,落泪握住元稹的手,万语千言,哽在咽喉。

他只有写诗,写《席上答微之》:"富贵无人劝君酒,今宵为我尽杯中。"

元稹端起酒杯:"好,好!今朝为君尽杯中。"

仰首,将过往所有一言难尽,一饮而尽。

几年之后,元稹终究还是带着一生的遗憾和难以实现的抱负,死于武昌军节度使任上。

白居易亲笔为他写了墓志铭。

《佛经》云:"凡有业结,无非因集。"与公缘会,岂是偶然?多生以来,几离几合,既有今别,宁无后期?公虽不归,我应继往,安有形去而影在,皮亡而毛存者乎?呜呼微之!

那些归隐山林的约定、心意相契的过往,都化作一笔笔血泪。

那么多互诉衷肠的话,到最后涌出一句饱蘸血泪的诗:"君埋泉下泥销骨,我寄人间雪满头。"

元稹去世后,白居易对朝局愈发失望,只修筑河堤,疏浚西湖水道为民造福,在地方上且尽绵力。

等他再次被召回长安时,他已经是天下文坛领袖了。但白居易不喜欢留在长安当一个吉祥物,他决定辞去朝中一切职务,去洛阳买一座山水园林，颐养天年。

他的人生又一次回到了春天。

这次没人贬谪他，是他放逐了整个世界的蝇营狗苟，转身去拥抱诗家天然。

他跟刘禹锡互相唱和，"同为懒慢园林客，共对萧条雨雪天"。

白居易如今身老多病，人也远离政坛，却真的悠游闲适起来，还见了诗坛新锐李商隐，满目尽是激赏。

白居易对李商隐笑道："吾死，得为尔子足矣。"

接着他哈哈大笑，拍拍李商隐的肩膀，说："老夫今日把名声送给你，诗家事，以后就看你了。"

李商隐深深一拜，终生都忘不了这个场面，终生也没忘记白居易的戏言，他给自己的儿子取名"白老"。

令我们白老更开心的，除了遇到李商隐，还有一件"喜讯"。

当初那个说白居易不孝的大臣王涯，因为甘露之变，被诛杀在京城。一时间他那一党面对血雨腥风，几乎没有幸免者。

消息传到洛阳，白居易算了算日子，自己那会儿正在游香山寺。

白居易哂然一笑，挥毫写诗道：

祸福茫茫不可期，大都早退似先知。

当君白首同归日，是我青山独往时。

顾索素琴应不暇，忆牵黄犬定难追。

麒麟作脯龙为醢，何似泥中曳尾龟。

那些年的风霜都已经过去，那些云谲波诡的政治斗争我也早已厌倦了，寒来暑往，我心中仍旧只有千里春光。

"当君白首同归日，是我青山独往时。"别了，这个浑浑噩噩的世道。从兼济天下到独善其身，从独善其身到义愤出手，那些当守的道我已经守过了，该走的路我也走完了，我要去往白云生处的人家，我要去往青山幽谷里找诗意了。

唐武宗会昌六年（公元 846 年）八月十四，七十五岁的白居易病逝于洛阳。唐宣宗李忱写诗悼念：

  缀玉联珠六十年，谁教冥路作诗仙？

  浮云不系名居易，造化无为字乐天。

  童子解吟《长恨》曲，胡儿能唱《琵琶》篇。

  文章已满行人耳，一度思卿一怆然。

夜深知雪重,
时闻折竹声。

文/心/诗/语

元白之交

别元九后咏所怀

零落桐叶雨,萧条槿花风。

悠悠早秋意,生此幽闲中。

况与故人别,中怀正无惊。

勿云不相送,心到青门东。

相知岂在多,但问同不同。

同心一人去,坐觉长安空。

贞元十九年(公元803年),白居易与元稹同登书判拔萃科,迈入了他们想象中能一展抱负的朝堂。

然而现实给了两人狠狠一击。

元稹由于不断上疏献表,锋芒过露,得罪了朝中权贵,几个月后就被贬到河南当县尉。此年白居易亦受牵连,罢校书郎,为县尉。祸不单行,不久元稹的母亲去世,悲痛的元稹回家守孝,两位好友不得不于长安分别,白居易为元稹写下了这首诗。

意译

凋零的桐叶、衰败的槿花,悠然飘落在秋风秋雨之中。

秋天刚至,秋意已浓,我独坐于幽闭的院中。

与好友你的别离,让我闷闷不乐。

不要问我为什么没有送别你,我的心已经随你远去,倘若相送,又如何忍得了分别?

知己不在多,只在于是否心意相通。

如今你离去,独留我一人在这空荡荡的长安城中,备感寂寞。

禁中夜作书与元九

心绪万端书两纸,欲封重读意迟迟。

五声宫漏初鸣夜,一点窗灯欲灭时。

这首诗创作于唐宪宗元和五年(公元810年)。当时白居易三十九岁,在朝中任左拾遗,兼翰林学士。而元稹因与宦官发生冲突被贬,与白居易分隔两地。

这一封信,白居易写了装,装了写,心潮不定,思绪万千,总感觉有无尽的话想对元九说,又不知该从何写起。

纸短情长，不知道他思念的人，是否也在思念着他呢？

意译

给你写信时思绪万千，薄薄的几张纸仿佛承载了写不尽的情义。我将信装入信封后，又觉得有许多话尚未说完，取信重读，又不知该补充什么。

如此反复，直写到五声宫漏响过，窗前灯盏已呈半明欲灭之势，天已经快亮了。

梦微之

夜来携手梦同游，晨起盈巾泪莫收。
漳浦老身三度病，咸阳宿草八回秋。
君埋泉下泥销骨，我寄人间雪满头。
阿卫韩郎相次去，夜台茫昧得知不？

太和五年（公元831年），元稹病逝于武昌，次年归葬咸阳。白居易与元稹这对好友天人永隔，再无书信唱和。开成五年（公元840年），白居易已经六十九岁，垂垂老矣的他，在某次大病初愈的夜晚，又梦到了好友元稹。

在他的梦中，元稹永远是那样年轻，没有老去的时候。提笔再写给元九的诗，已是物是人非，终不似少年时的心情。

意译

夜里梦见与你携手同游，早上醒来后泪水流满巾也止不住。

我在漳浦多病缠身，你坟上的草已历经春去秋来八个年头。

你在黄泉之下，也许早已和泥土一起化作尘土，而我顶着苍苍白发，依然寄居于人间。

你的小儿子阿卫和女婿韩郎已经先后去世，你在九泉之下能知晓这些吗？

徐霞客

自己的人生，随心即是满分

文 清秋桂子

穿越人山人海，跨越山川湖泊去追云听风，是许多人向往的生活。历史上，还真有这么一个人，一辈子活在追逐山水里。

他就是徐霞客。

纵观中国古代，周游四方的旅行者并不少，譬如周游列国的孔子，出使西域的张骞，西行取经的法显、玄奘，以及李白、苏轼这种人生足迹印满了大半个中国的文豪。徐霞客比起这些前辈，更适合"旅行爱好者"这个称呼。

不同于为了崇高的理想而行走的前辈们，徐霞客最初出发的理由要朴素得多：世界那么大，我想去看看。

出发，向着星辰大海

徐霞客是个很简单的人，他的出身并不显赫，但也没有穷困潦倒。与那些从苦难中成长起来的人不同，他的家庭氛围挺不错。祖上经商，颇有积财，父母慈爱，让他得以无忧无虑地成长。

少年时，他博览群书，虽然不是天纵英才，但也算个有识青年。他书读得多，山川游记、风俗志书，什么都爱看一点。不过这些书对他的考试用处不大，十五岁那年，他考过一次童试，没考上。

在那个人们热衷于考取功名的年代，徐家在这方面倒是开明。徐父对儿子的学习并不在意，他告诉儿子，考不考科举无所谓，不过人活在世上，总要有点志向，做成什么事情。

徐霞客似懂非懂地回到了自己的书斋。

自己以后到底应该干什么呢?

读多了山川游记的徐霞客很快在书中找到了一个偶像——北魏时期曾写下《水经注》的郦道元。郦道元是一位地理学家,自少时起便十分向往山河。后来他萌生了为《水经》作注的想法,借着职务之便,跋涉郊野,寻访古迹,追溯各条河流的源头,将所见所闻都记录了下来。

他的记载十分丰富,引经据典、文笔绚烂地描述了大大小小一千多条河流相关的地貌风物,徐霞客读后当即被这精彩的描绘震撼了。在这些瑰丽恢宏的山水见闻的冲击下,他意识到了一件事——原来人生还可以这样选择,原来迈出脚步行走于路上时,能看见这样广袤壮丽的天地。

于是他心潮澎湃地告诉父亲,有朝一日,他也想走出去看看这天地山河,"丈夫当朝碧海而暮苍梧"。

云游四方、看山观水、探奇穷异、骋怀天地,这是一个听上去无比浪漫但不太切实际的梦想。若是常人会觉得这是异想天开,可徐父听完儿子的话后,却是大笑了几声,夸赞道:"好!男儿就该志在四方,敞开胸怀,走出去看看广大天地,开阔眼界。"

父亲的鼓励给了年少的徐霞客很大的信心,可惜的是,徐父并没有等到儿子出游的那一天。

徐霞客十九岁那年,父亲去世。徐霞客看了看悲戚的母亲,陷入了沉默。家里没有了顶梁柱,他怎么忍心留母亲只身一人在家?那些游历山川的愿望,在悲痛中变得缥缈。

正犹豫时，母亲却对他说："你有读万卷书、行万里路的志向，这是件很好的事，不必挂念我，动身出发吧。"

二十二岁那年，他戴上了母亲为他所制的远游冠，正式开启了旅程。此后数十年的岁月里，他一直行走在路上。

伴随他前行的，是他手中的笔墨。他如同他所钦佩的郦道元那样，落笔写下一路见闻，无数字句连成一篇篇游记。

他走了很久，记了很久。

彼时的他并不知道，他笔下的字句会伴随着他的一生连绵不断地延续下去。

他也不知道，一代传奇将就此写就。

山高水远，皆是风景

徐霞客最初造访的是名山大川。

自古以来，名山胜水从不乏造访者，文人雅士多是借景抒情，兴致淋漓地赋诗高歌，李白登庐山，写下"飞流直下三千尺，疑是银河落九天"的诗句，苏轼游孤山，留下"天欲雪，云满湖，楼台明灭山有无"的描摹。徐霞客自是没有可比肩这些大才者的文笔，他游天台山写的是：

四月初一日早雨。

行十五里，路有歧，马首西向台山，天色渐霁。

又十里,抵松门岭,山峻路滑,舍骑步行。

自奉化来,虽越岭数重,皆循山麓;至此迂回临陟,俱在山脊。

而雨后新霁晴,泉声山色,往复创变,翠丛中山鹃映发,令人攀历忘苦。

又十五里,饭于筋竹庵。

四月一日早上下了雨,走了十五里,走岔路去天台山。又走了十里,山高路滑,于是弃马步行。从奉化一路翻山越岭过来,虽然路不大好走,但也是顺着山麓走的;到了这边,道路过于迂回曲折,临水登高,全是在山脊上。

雨后天晴,景色真美。走啊走,走了十五里路,终于在筋竹庵吃上了饭。徐霞客的游记就是这么朴实无华。

只要不是完全走不了,管他刮风下雨,徐霞客都是照走不误。要是实在坎坷难行,那就下马徒步,行李太重了,那就轻装前行。

旁人游山玩水带着一股子雅兴,而他专往什么地方走呢?"上下高岭,深山荒寂,恐藏虎,故草木俱焚去。泉轰风动,路绝旅人。"

简单来说,就是荒山野岭,时不时还有野兽出没,连个人影都看不见的地方。

走上这样的旅途,他到底为了什么?

他的文字给出了答案:"及五更梦中,闻明星满天,喜不成寐。"

在连日的风潇雨晦中,他跋涉了几十里路,在暮色中来到天封寺。夜半时分醒来,听到仆从告诉他外面满天繁星,那一瞬间,他惊喜得无法再入睡。

那是何等浪漫的一幕：历经漫长艰难的路程后，在人迹罕至的庙宇，他满怀喜悦，看了一夜的星星。

当他坐在山顶看漫天繁星时，一切就有了意义。

曾经他在书中见过的灿烂描摹，此刻在他的面前真切地成了现实，那是再绚烂的文字都无法带给他的最直观、最动人的画面。

他游览天台山、雁荡山回来，拜访好友陈函辉。好友问他可曾到过雁荡山的最高峰，他并没有肯定地回答。第二天天未亮，他人就不见了。十多天后他回来了，兴冲冲地告诉友人："我从小道，手拉藤条登上了大小龙湫，走了三十里，看到一个坑洼，是大雁住的地方。我又攀登陡峭的山路，走了三十多里，山顶劲风逼人，有麋鹿环绕。我在那儿住了三晚。"

仅仅为了一座他未曾到过的高峰，徐霞客不惜翻越了几十里的悬崖峭壁。或许旁人无法理解，但想必他的友人在听完之后，会为他言语中那份纯粹的热爱会心一笑。

这世间蝇营狗苟者众多，山下有无数人为了浮名薄利奔走钻营，而在那险峻无比、壁立千仞的峭壁上，还有一个人，只为了看见最高峰，用一腔热忱只身攀登而上。

身向西南，万里遐征

在二十多年的时间里，徐霞客以别具一格的硬核旅游方式，先后

徐霞客

访问了浙江天台山、雁荡山,安徽黄山,福建武夷山,江西庐山,河南嵩山,陕西华山,山西五台山、恒山等名山,足迹遍布了大半个中国。

他曾前往庐山,手攀茅草,拉扯荆棘,在峭壁上攀登二里,到达峰顶,俯瞰鄱阳湖浩荡的湖面;他曾在大雪纷飞之际,沿着黄山积雪的石阶,用竹杖凿冰而上,听了一整天的落雪;他也曾逆水行舟,溯流登至九鲤湖顶峰,看尽玉龙飞舞的瀑布;他还曾六十三天内跨越两省,经过十九个县、十一个府,游历三座名山。

他将这些山川大河看了个透彻,也将兴致挥洒得淋漓酣畅。此时他已年近半百,长年累月的登山行走让他疾病缠身,母亲也早已去世,他的奇举让他在家乡声名远播,按说一切也该到此为止了吧。

可是该停止了吗?他问自己。

他抬起浑浊的双目,透过檐下雨幕,望向远处的隐隐青山。一座座山间,是他曾攀登过的千岩万壑。

他想,或许还不该停止。纵使历经了数十年岁月,他依旧是少时立下"丈夫当朝碧海而暮苍梧"心愿的徐霞客,他的心里始终有那么一片热忱不曾消减。

五十一岁那年,他拖着老病的身体,再度迈开了脚步,朝着西南方向开启了那场悲壮的万里遐征。他并不知道这是他人生最后一次出游,他只知道,如果停下脚步,或许就再也没有出发的机会了。

崇祯九年(公元 1636 年)至崇祯十二年(公元 1639 年)的四年间,他从老家江阴出发,依次经过浙江、江西、湖南、广西、贵州、云南。

其间他所写的游记足足有十七卷,占据了他所留存的游记四分之三的篇幅。

那是一场怎样的旅途呢?

漫漫长途,他的足迹遍布山野。他一路游览西塘、龟峰、龙虎山、会仙峰、武功山等名胜,却又不止于名胜。

对于那些没有被造访过的无人之地,他也兴趣盎然。他听闻有精怪潜伏在无人敢去的秦人古洞,便立刻变卖财物雇向导,想方设法爬进去,一路匍匐,蛇形前行。

途中他曾遭遇强盗,财物尽失,历经凶险,在缺衣断粮的窘困下病倒,又在艰难求生中,与同行好友生离死别。

他的双脚在长途跋涉的旅程里渐渐被磨烂,他身旁的仆从弃他而逃,他孤身一人,依旧拖着病体往前行走。

他记下在滇南探访的民情,比较西南各地山水的特征和差异,阐以自己的见解;他在丽江府土官处从教,并记下当地农业轮作制度、民族情况、气候特点等信息。

这些似乎还不够,他仍在前进着。渡过怒江,翻过高黎贡山,无畏瘴疠和高险,他开始溯流穷源,探寻长江的起源。

他在家乡能看见长江浩大水势的尽头,他知晓它的宽广,也想知道它的长远。

于是他沿着岸陡水急的金沙江一路追踪而去,直至勘验了长江的源头。

没有人知道他要怎样才会停下,就连他自己都不知道,贫穷、疾病、险境,统统没能阻止他的步伐。

当他的双腿越发难以支撑他前行时,旁人都在劝他,不要再走下去了。他摇了摇头:"吾荷一锸来,何处不可埋吾骨耶?"

唯以热爱奔赴山海

对徐霞客来说,那些书上的名山大川,他都在过去几十年里看过了。在人生末尾,他仍马不停蹄地不断前行,到底是为了什么?

是为了"花色浮空映山,绚烂岩际"的美景,是为了"一转山腋,两壁峭立亘天,危峰乱叠,如削如攒"的奇崛异象,还是为了"江清月皎,水天一空,觉此时万虑俱净"的透彻心境?

或许都是,也或许都不是。

他的好友曾评价他"寻山如访友,远游如致身"。

对于他而言,寻山不过就是访友罢了,他远游的理由也只有一个——因为开心。

他想去,所以他就去了。

他的志向就是这样简单,他不需要给自己的行为找多深刻的意义。他翻山越岭,只因为他想去看山;他溯江寻源,只因为他欲穷江河之源。

他走了一生,自我了一生。他没有循规蹈矩地按照世人眼中的框架过活,他不在意功名利禄,也不在意财富地位,他生前不在乎世人对他的看法,就连这几十万字的游记,也是在他死后,后人整理的。

回到他人生的起点,无论从哪个角度来看,他都是平平无奇的。

历史的长卷中，书写了太多熠熠生辉的名字，那些璀璨耀眼的人生里，多的是波澜壮阔、家国天下、浩气长存，那些惊才绝艳的锦句华章里，有着万千流云奔涌的意气、铺星洒月的沉博。

众星熠熠之下，他太过平凡了。

他只不过是一个普通人，一个和千万人一样，轻易就被岁月洪流席卷而去，寥寥几笔便能带过的普通人。

但他用一个普通人的方式，展现了另一种灿烂的活法。

他此生只做了一件事——以他所热爱的方式，度过一生。

在那本汇集了无数次于烟霞瞬间行走的游记里，他用洋洋洒洒几十万字告诉了所有人：这一生，他不求功名，不求权力，只想游历天下，踏遍山河，遵循本心而活。这世界他来玩了一遭，乘兴而来，尽兴而去，不负此心，甚好。

张骞凿空西域，也未曾见过昆仑山。唐朝的玄奘、元朝的耶律楚材，也是奉了皇命才得以西游。我不过一介年老布衣，凭着一根竹杖、一双轻履，走到黄河，登上昆仑，行过西域，游历天下，虽死，无憾也。

文/心/诗/语

徐霞客的旅行笔记

徐霞客

丈夫当朝碧海而暮苍梧！

01

1613 年：普陀山—天台山—雁荡山

云散日朗，人意山光，俱有喜态。

——《徐霞客游记·游天台山日记》

及五更梦中，闻明星满天，喜不成寐。

——《徐霞客游记·游天台山日记》

02

1616 年：齐云山—黄山—武夷山

初四日，兀坐听雪溜竟日。

——《徐霞客游记·游黄山日记》

03

1618 年：庐山—齐云山（重游）—黄山（重游）

一径循山，重嶂幽寂，非复人世。

———《徐霞客游记·游庐山日记》

随涧东西行，鸣流下注乱石，两山夹之，丛竹修枝，郁葱上下，时时仰见飞石，突缀其间，转入转佳。

———《徐霞客游记·游庐山日记》

04

1620 年：江郎山—九鲤湖—石竹山

旭日正在崖端，与颓波突浪，掩晕流辉。俯仰应接，不能舍去。

———《徐霞客游记·游九鲤湖日记》

05

1623 年：嵩山—华山—武当山

时浮云已尽，丽日乘空，山岚重叠竞秀。怒流送舟，两岸浓桃艳李，泛光欲舞，出坐船头，不觉欲仙也。

———《徐霞客游记·游太华山日记》

山复开，始见稻畦。

———《徐霞客游记·游太华山日记》

06

1633 年：五台山—恒山

风怒起，滴水皆冰。风止日出，如火珠涌吐翠叶中。

——《徐霞客游记·游五台山日记》

既而石路陡绝，两崖巍峰峭壁，合沓攒奇，山树与石竞丽错绮，不复知升陟之烦也。

——《徐霞客游记·游五台山日记》

07

1637 年：湖南秦人三洞—湘江（被盗）—桂林七星岩—漓江

井虽枯而无水，然一山而随处皆是，亦一奇也。又西一里，望见西南谷中，四山环绕，漩成一大窝，亦如仰釜，釜之底有涧，涧之东西，皆秦人洞也。

——《徐霞客游记·游秦人三洞日记》

08

忽闻岸上涯边有啼号声，若幼童，又若妇女，更余不止。众舟寂然，皆不敢问。余闻之不能寐，枕上方作诗怜之，有"箫管孤舟悲赤壁，琵琶两袖湿青衫"之句，又有"滩惊回雁天方一，月叫杜鹃更已三"等句。

——《徐霞客游记·湘江遇盗门记》

然亦止虑有诈局，俟怜而纳之，即有尾其后以挟诈者，不虞其为盗也。

——《徐霞客游记·湘江遇盗门记》

09

1638 年：黄果树瀑布—盘江桥—昆明太华山—黄草坝

由殿东侧门下，攀崖蹑峻，愈上愈奇，而楼供纯阳，而殿供元帝，而阁供玉皇，而宫名抱一，皆东向临海，嵌悬崖间。每上数十丈，得斗大平崖，辄代空架隙成之。故诸殿俱不巨，而点云缀石，互为披映，至此始扩然全收水海之胜。

——《徐霞客游记·游太华山记》

⑩

1638 年（考察金沙江流向）：昆明—武定—元谋—大姚—宾川—鹤庆—丽江

滇山惟多土，故多壅流成海，而流多浑浊，惟抚仙湖最清。

——《徐霞客游记·滇游日记》

⑪

1639 年：丽江—苴碧湖—大理—高黎贡山—鸡足山

我欲倒骑玉龙背，峰头群鹤共翩翩。

——《鸡山十景·其十二瀑布腾空》

苏轼

人生就是哈哈哈哈哈哈

文 明戈

苏轼

你一定读过苏轼的诗词。

苏轼——中国文坛史上最快乐的词人。他一生起落不定,从汴京天骄到狱中死囚,如浪里浮舟。可不论是在云端还是在地狱,他都是一副笑嘻嘻的模样。

这种近乎没心没肺的乐观,可以用《定风波》中的一句词解释:"回首向来萧瑟处,归去,也无风雨也无晴。"

——我既不怕下雨,也不喜天晴,发生什么都无所谓,我不在乎。

正因为无所谓,他才能超然物外,用体验的心理看待一切:

"轻松点,人这一辈子,不就是痛快地漫游吗?"

命运的馈赠,他尽数而收

苏轼的漫游中国之旅开始于科举。

他当年参加的那场考试的进士榜号称"千年第一龙虎榜"。

什么概念?考生里大佬云集,堪称"全明星"阵容,有日后跻身"唐宋八大家"之列的曾巩、变法主力吕惠卿、理学奠基人程颢……总共有二十四人被《宋史》立传,九人后来官至宰执。

不仅参赛选手个个不得了,考官也不一般。主考官是文坛领袖欧阳修,小试官是宋诗"开山祖师"梅尧臣,都是眼睛里揉不得沙子的厉害人物。

换作普通人,看到这阵仗,估计早就腿软肝颤了。不过苏轼是谁?那可是"挟以文章妙天下"的学霸,学霸能怕这个?

考场上，他洋洋洒洒写下策论《刑赏忠厚之至论》，全文结构严谨，说理深入浅出。梅尧臣批到此卷大为惊叹，连忙去找主考官欧阳修。欧阳修看后啧啧称赞："这美文当得第一啊！"

不过很快他就犯了难。虽说试卷经过糊名誊录，无法确认考生信息，但他几乎认定这篇高水准作品就是自己的弟子曾巩所写。为了避嫌，欧阳修忍痛将其从第一降至第二。

欧阳修两袖清风，苏轼一言难尽。

分也出了，榜也发了，一切尘埃落定，就算你有天大的委屈，没处说理去。

那苏轼是怎么做的呢？

他起初虽然感到有点憋屈，但转念一想，第二就第二吧，人生又不是只有这一场考试，下次我再当榜首不就得了？于是他放榜后照常上欧阳修家拜谢。欧阳修本来就愧疚，见苏轼如此阔达，又才智超群，当即收了他做弟子，大赞："此人可谓善读书、善用书，他日文章必独步天下。"

有了欧阳修力推，苏轼在京城名声大噪。

"祸兮，福之所倚；福兮，祸之所伏"，万物明暗相生，吉凶相依。不到最后，没有人会知道结果，就像没有人知道海角的终点有没有崭新的大洋，乌云的尽头有没有湛湛青天。

"明朝人事谁料得，看到苍龙西没时。"

面对不能改变的现状，苏轼没有痛苦纠结，而是选择坦然接受一切。谁知道命运的剧情会如何发展？万一下一幕柳暗花明，有鹤衔春来呢?

就算不是,那又有什么关系?

世界以痛吻我,我却报之以歌。

用舍由时,行藏在我

或许你会说这算什么挫折,苏轼就算没得第一,不也是第二吗?这称不上不顺吧。

别急,你且看看他接下来的人生。

嘉祐六年(公元1061年),他在制科考试中得"百年第一";四年后,又通过学士院的考试,任职于直史馆。但还没等他大展拳脚,王安石变法就开始了,不少与之政见不合的苏轼师友,包括欧阳修在内,都被贬出了京。

不过由于苏轼才华横溢,王安石对其十分赞赏。然而苏轼虽然也期盼通过变革安邦富国,却并不赞同王安石的变法举措。

在现实与理想的冲突面前,你一拍大腿愤然道:命运这不是把人往绝路上逼吗?不行,没法选。

苏轼摸了摸胡子笑了:这道理我早就说过啊,不就是"用舍由时,行藏在我"吗?

能否被重用关乎时势,但入世或出世是自己的选择。如果保持本心的结局是不能扶摇直上,那在低空盘旋也未尝不可,反正一处有一处的风景嘛。

因此苏轼当时一点没犹豫，拍拍屁股就从京城走了。这时候他知道自己人生的下一站是什么吗？

当然不知道。

苏轼唯一知道的是，人生没有对错，只有不同的风景。只要把心装在行囊中，命运就成了车票，世界也便成了旅途。

但愿人长久，千里共婵娟

苏轼原本不是一个人漫游人生的，他有一个从小相伴左右的弟弟，叫苏辙。

两人只相差两岁，苏辙特别仰慕苏轼，成天哥哥长哥哥短地跟在他的屁股后头。苏轼也喜欢带他玩，两人平日上山下河，爬树掏鸟窝，过得快活无比。

他们的父亲苏洵少年时自恃聪明，不爱学习，二十七岁时才幡然醒悟，发奋读书，也顺带成了望子成龙的严父。

于是苏轼与苏辙除了日常在私塾上课，还要完成苏洵为他们布置的课后作业。

"夜梦嬉游童子如，父师检责惊走书。"多少年后苏轼有一次做梦，仍记得当时他们兄弟俩没有读完父亲交代的《春秋》，担心得整宿睡不着觉的情形。

兄弟俩一同长大，又一起进京赶考，在殿选中还同为宋仁宗所赏识，得了"宰相之材"的夸奖。

人生路上不只有兄弟，还有爱情。

苏轼十八岁那年，认识了聪慧谦谨的妻子王弗。与大字不识的寻常女子不同，王弗是进士之女，颇通诗书。苏轼每每读书之时，王弗都相伴在侧，苏轼有遗忘的地方，她便从旁提醒。两人举案齐眉，情深意笃。

那时候苏轼觉得自己是世界上最幸福的人，生命中有妻子与弟弟这样两个知心人，夫复何求？

这时苏轼才十几岁，自是不懂命运馈赠的所有礼物早已在暗中标好了价格。

治平二年（公元1065年），就在他名动京师的时候，王弗猝然离世。

人生无大事，除却生老病死。携手白头的承诺成了枯骨白灰，那一刻，苏轼心中的唤鱼池畔万株飞来凤尽数凋零。

次年父亲苏洵去世后，苏轼本想着还能和弟弟相依做伴，可他低估了朝廷的风起云涌与政治的云谲波诡，苏辙先他一步被贬出京。

再后来，就有了上文说到的苏轼自请离京。

对于出世入世他尚能想得开，可对于生离死别，大家说到底都是凡人，心头又能有几分清明？

苏轼给苏辙写了好多信，为了离弟弟近一点求调密州，更是在密州某夜梦到亡妻后，悲痛得肝肠寸断。

夜来幽梦忽还乡，小轩窗，正梳妆。相顾无言，惟有泪千行。

没有华丽的辞藻，苏轼只是简简单单写道：他透过轩窗，看到熟悉的人儿正在梳洗妆扮，一切如昨。可这是梦啊，于是那扇方方正正的窗成了画框，温柔泣泪的女子变成了遗像。

这首词在悼亡词史上，是堪称"有声当彻天，有泪当彻泉"的沉重一笔，也是令作者失魂落魄、夜夜走不出的哀歌。

转朱阁，低绮户，照无眠。不应有恨，何事长向别时圆？

一年后的中秋，苏轼独自举杯问月：他可有惹恼明月，否则明月为什么在离别时显得格外圆满呢？

随后苏轼笔锋一转写道："人有悲欢离合，月有阴晴圆缺，此事古难全。但愿人长久，千里共婵娟。"

人间有悲欢离合，就像月亮有阴晴圆缺一样难以常常如意。但只要彼此思念，便不存在别离。

苏轼出乎所有人预料地想开了。

亲人逝去也好，分别也罢，他们注定只能陪自己走完一段路。人生的旅途说到底，是一场一个人的朝拜。这场朝拜或许山高路远，但你绝不孤独，因为跨越时间与空间的距离，大家都在凝望同一轮月亮。

在这轮光华璀璨的明月下，苏轼心中悲痛的火燃烧殆尽，生出单纯而澄澈的思念之风。

这场风片刻不停地刮过他生命的荒原，化成漫山遍野的离离春草，也盖住了生离死别的墓碑。

物与我，皆无尽也

苏轼

元丰二年（公元1079年），苏轼调任湖州知州。一般官员赴任后，都要给皇上写谢表谢恩。而苏轼就在写这篇《湖州谢上表》时手指头痒了，写道：

"陛下知其愚不适时，难以追陪新进；察其老不生事，或能牧养小民。"

他一路以来见到太多因为新法而受苦的百姓，实在憋不住在这篇谢恩的文章里夹带点"私货"，讽刺一下新党。

新党本就盯着苏轼挑毛病，这下可好，正撞在人家的枪口上，什么"包藏祸心""不忠于皇帝"……一顶顶帽子雪花似的飞向湖州。

这还不算完，御史台的新党表示既然已经开始对付苏轼了，那就往死里整吧？

七月二十八日，台吏皇甫僎快马如飞，前来逮捕苏轼。

僎促轼行，二狱卒就直之。即时出城登舟，郡人送者雨泣。顷刻之间，拉一太守如驱犬鸡。

百姓黑压压一片，哭喊着苏太守冤屈。狱卒凶神恶煞，顾盼狰狞，撵鸡犬一样押走苏轼。

回京后，苏轼被下狱一百零三日。新党搜罗证据，大骂他死有余辜，并顺势牵连数十人。幸亏不少旧党成员是国家元老，讲话仍有些分量，纷纷为苏轼求情，就连变法派中也有很多人因为爱惜苏轼的才华，替他讲话。

最后,在王安石的一句"安有圣世而杀才士乎"后,这场乌台诗案的闹剧才画上了句号,苏轼狼狈不堪地捡回一条命,被撵去黄州当了团练副使。

到了黄州后,苏轼写过什么呢?

"怀民亦未寝"的《记承天寺夜游》、"寄蜉蝣于天地,渺沧海之一粟"的《赤壁赋》,还有"一蓑烟雨任平生"的《定风波》……

几乎每一首,都是把超然物外、忘怀得失写到极点的佳作。

在澄澈月光中,苏轼做了一个透明的梦,梦里清风玉盘一杯酒,耳得之而为声,目遇之而成色。风雨打破宁静呼啸而来,苏轼竹杖芒鞋,在碎琼乱珠间吟啸徐行。随着乌云散去,月出皎兮,佼人僚兮,高山白露里,他自由得像一片叶,与天地万物共舞。

这快意无比的苏轼,是我们熟悉的苏轼,也似乎是他应该有的样子。

可苏轼在刚到黄州时,遇到过什么呢?

> 春江欲入户,雨势来不已。
>
> 小屋如渔舟,濛濛水云里。
>
> 空庖煮寒菜,破灶烧湿苇。
>
> 那知是寒食,但见乌衔纸。
>
> 君门深九重,坟墓在万里。
>
> 也拟哭途穷,死灰吹不起。

此外,他多次提到过自己已经衰老,发白目花,孑然孤冷。

苏轼

"孤坐冻吟谁伴我?揩病目,捻衰髯。"

"空腹有诗衣有结,湿薪如桂米如珠。冻吟谁伴捻髭须。"

……

这一刻,苏轼真的什么都无所谓吗?

空有一腔热血而无法施展抱负,甚至差点死掉,他真的不在乎吗?

答案显然是否定的。这些诗词字字句句都写满了他在乎,他难过得要命,就连那首气势磅礴的《念奴娇·赤壁怀古》,也被他暗暗藏进了无奈与愤懑。

不过这种两极对立的情绪,好像用一句特别简单的话就能解释通——已经这样了,就想开点儿吧。

但我总觉得不该是这样的,最起码对于苏轼这个生动饱满、落笔都"挟海上风涛之气"的人来说,不该陷于如此境地。

直到后来我了解到唐代禅宗大师青原行思提出的参禅的三重境界,我才逐渐想通苏轼的这段转变真正意味着什么。

青原行思认为,生命本身就是一个"看山是山,看水是水",到"看山不是山,看水不是水",再到"看山还是山,看水还是水"的过程。起初人们心无杂物,看到的世界就是世界本来的样子;可随着年龄增长,心变复杂了,眼中的世界也随之扭曲;再到最后,返璞归真,一切重归原点。

苏轼也是如此,从最开始自然而然的天性乐观,到后来一次次被现实重创,用"不在乎"掩饰,装作乐观,再到最后彻底通透。

而这段经历，便是他豁达人格的一次涅槃，是灵魂回归天真的重生。

当苏轼再与友人泛舟江面，看着江水滚滚而逝，他终于舍弃一切自嘲，在清风中大笑着呼喊："自其不变者而观之，则物与我皆无尽也。"

这时我们再回看最前面提到的那句"回首向来萧瑟处，归去，也无风雨也无晴"，也就能真正明白他的那种无所谓来自何处了。

一切都是外物，不论它们如何变换，我还是我，我是不变的，因此天晴无须惊喜，风雨也不用害怕。

若心灵自由，便无畏，亦无所谓。

小舟从此逝，江海寄余生

"世界上只有一种英雄主义，那就是看清生活的真相后，依然热爱生活。"

苏轼是这句话最好的践行者。

后来他的生活依旧起起落落，不过他用自己对生命的爱，把日子过成了诗。

他发现黄州的猪肉"价贱如泥土，贵者不肯吃，贫者不解煮"，于是认认真真发明了一套做猪肉的办法——"净洗铛，少著水，柴头罨烟焰不起。待他自熟莫催他，火候足时他自美。"

平日里他和佛印交往甚密，两人泛舟湖上，时而探讨佛法，时而调皮地互相调侃，插科打诨。

他好喝茶，爱看景，时常吟诗作画，还喜欢研究星座。

退之诗云："我生之辰，月宿南斗。"乃知退之磨蝎为身宫，而仆乃以磨蝎为命，平生多得谤誉，殆是同病也！

——难怪我和韩愈命苦，原来我俩都是摩羯座啊！

他的笔与心一样自由自在。当王安石的新法尽数被废，旧党重新执政时，苏轼并未窃喜自己终于熬出头了，反而又批判起了旧党腐败。新旧两党都得罪完，苏轼再次一甩袖子自求外调。

他到了水患频发的杭州，有条不紊地修建苏公堤，还种了满堤如画的芙蓉。

他又到了瘴疠之地惠州，摇着扇子"日啖荔枝三百颗"，吃上火后，再自制茯苓饼养生。

……

我曾经好奇，在那个交通并不便利的年代，他总共走过了多远的路？

后来我细细算了一下，结果被吓了一跳：苏轼贬官调任的总行程达到了两万三千多公里，相当于大半圈赤道。

可苏轼却背着行囊，在颠沛中快乐无比。路过的人只看到无尽的苦，但他看到了颠沛背后千千万万次的春和景明。

再后来啊……

他满头白发地乘着一叶小舟，飘飘摇摇去了蛮荒的儋州。

这里和中原文明几乎相隔绝，不麦不稷，朝射夜逐。苏轼亲自教百姓种植庄稼，还在载酒堂讲学，授诗书礼义。渐渐地，这片未开化的土地书声琅琅,还出了举人。

至此,苏轼的人生之旅快要来到终点。

此时他早已不在意命运丢给他怎样的糟糕境遇了,不是他还期盼着柳暗花明,而是他自己已经成为太阳。

因为他成了太阳,所以一切都熠熠生辉。

人生如逆旅,我亦是行人

建中靖国元年(公元1101年),是宋徽宗继位的第二年。

大宋即将迎来书画艺术的高峰,泼墨画江山。蔡京也马上要走进宋徽宗的视线,成为深得圣眷的宠臣。

就在丹青山河的前夜,苏轼永远闭上了眼睛,结束了他的旅途。

这是一趟怎样的旅程呢?

苏轼曾见过天堂,也见过地狱,他有过旅伴,又变成孑然一身。

他穿过天地,穿过生死,穿过他亲手植成草场的荒原,穿过笑声与哭声,最终来到了名为"我"的彼岸。

苏轼用他的一生寻找、回归那不为外物影响的真正的自己。

可到了最后,他又选择了轻飘飘地放手,任自己成为万千无名的行人之一,成为雪泥上一闪而过的飞鸿。

当然,苏轼总归是苏轼,这个词坛上的巨匠是不可能悄无声息地匿去的。

苏轼留下的痕迹，在我们的肉眼看不到的地方。

在我们伤心的时刻，抱怨命运不公的时刻，觉得没有选择与出路的时刻，这个快乐的白胡子老头会从那首《定风波》里蹦出来，拍拍我们的头，笑眯眯地说道："轻松点，人这一辈子，不就是痛快地漫游吗？"

文/心/诗/语
WENXINSHIYU

苏轼的漫游轨迹

四川眉州

公元1037年,苏轼出生于四川眉州。

东京汴梁

公元1057年,二十一岁的苏轼进京赶考,拿到第二名的好成绩。

凤翔

公元1061年,苏轼正式到任凤翔。几年后发妻王弗和父亲苏洵相继去世。

杭州

公元1071年,三十五岁的苏轼调任杭州通判。

◆ 饮湖上初晴后雨 ◆

水光潋滟晴方好,山色空蒙雨亦奇。

欲把西湖比西子,淡妆浓抹总相宜。

密 州

苏轼

公元1074年，三十八岁的苏轼被调往密州任知州。

◆ 江城子·密州出猎 ◆

老夫聊发少年狂，左牵黄，右擎苍，锦帽貂裘，千骑卷平冈。为报倾城随太守，亲射虎，看孙郎。

酒酣胸胆尚开张，鬓微霜，又何妨！持节云中，何日遣冯唐？会挽雕弓如满月，西北望，射天狼。

◆ 望江南·超然台作 ◆

春未老，风细柳斜斜。试上超然台上看，半壕春水一城花。烟雨暗千家。寒食后，酒醒却咨嗟。休对故人思故国，且将新火试新茶。诗酒趁年华。

公元1075年元宵节，苏轼梦中忆起亡妻王弗。

◆ 江城子·乙卯正月二十日夜记梦 ◆

十年生死两茫茫，不思量，自难忘。千里孤坟，无处话凄凉。纵使相逢应不识，尘满面，鬓如霜。

夜来幽梦忽还乡，小轩窗，正梳妆。相顾无言，惟有泪千行。料得年年肠断处，明月夜，短松冈。

公元1076年中秋节，苏轼喝得酩酊大醉，想起远方的弟弟苏辙。

◆水调歌头·明月几时有◆

明月几时有？把酒问青天。不知天上宫阙，今夕是何年。我欲乘风归去，又恐琼楼玉宇，高处不胜寒。起舞弄清影，何似在人间。

转朱阁，低绮户，照无眠。不应有恨，何事长向别时圆？人有悲欢离合，月有阴晴圆缺，此事古难全。但愿人长久，千里共婵娟。

湖 州

公元1079年，苏轼调任湖州知州，同年因"乌台诗案"蹲了监狱，后被贬黄州。

黄 州

公元1080年，苏轼启程去黄州，暂居庙中。

◆卜算子·黄州定慧院寓居作◆

缺月挂疏桐，漏断人初静。谁见幽人独往来，缥缈孤鸿影。

惊起却回头，有恨无人省。拣尽寒枝不肯栖，寂寞沙洲冷。

苏轼的好友王巩受到苏轼"乌台诗案"牵连，被贬谪到地处岭南荒僻之地的宾州。

王巩受贬时，其歌妓寓娘毅然随行到岭南。元丰六年（公元1083年）王巩北归，与苏轼再次见面，席间苏轼遇到寓娘。

定风波·南海归赠王定国侍人寓娘

常美人间琢玉郎，天应乞与点酥娘。尽道清歌传皓齿，风起，雪飞炎海变清凉。

万里归来颜愈少，微笑，笑时犹带岭梅香。试问岭南应不好，却道：此心安处是吾乡。

定风波·莫听穿林打叶声

莫听穿林打叶声，何妨吟啸且徐行。竹杖芒鞋轻胜马，谁怕？一蓑烟雨任平生。

料峭春风吹酒醒，微冷，山头斜照却相迎。回首向来萧瑟处，归去，也无风雨也无晴。

临江仙·夜归临皋

夜饮东坡醒复醉，归来仿佛三更。家童鼻息已雷鸣，敲门都不应，倚杖听江声。

长恨此身非我有，何时忘却营营。夜阑风静縠纹平，小舟从此逝，江海寄余生。

猪肉颂

净洗铛，少著水，柴头罨烟焰不起。
待他自熟莫催他，火候足时他自美。
黄州好猪肉，价贱如泥土。
贵者不肯吃，贫者不解煮。
早晨起来打两碗，饱得自家君莫管。

汝州

公元1084年，四十八岁的苏轼调任汝州，赴任时途经江西庐山。

题西林壁

横看成岭侧成峰,远近高低各不同。
不识庐山真面目,只缘身在此山中。

杭　　州

公元1089年,苏轼再次调任杭州,在此修建苏堤。

临江仙·送钱穆父

一别都门三改火,天涯踏尽红尘。依然一笑作春温。无波真古井,有节是秋筠。

惆怅孤帆连夜发,送行淡月微云。尊前不用翠眉颦。人生如逆旅,我亦是行人。

点绛唇·闲倚胡床

闲倚胡床,庾公楼外峰千朵。与谁同坐?明月清风我。

别乘一来,有唱应须和。还知么?自从添个,风月平分破。

东京汴梁

公元1091年春,苏轼被召回京。

颍　　州

公元1091年八月,因政见不合,回朝不久的苏轼被调往颍州任知州。

扬　　州

公元1092年二月,苏轼被调往扬州任知州。

苏轼

定州

公元1093年九月，苏轼任定州知州。

惠州

公元1094年，苏轼被贬惠州。

◆ 惠州一绝 ◆

罗浮山下四时春，卢橘杨梅次第新。

日啖荔枝三百颗，不辞长作岭南人。

儋州

公元1097年，苏轼被贬儋州。在此，他亲身耕种，为百姓开方治病，开办学堂。

◆ 别海南黎民表 ◆

我本海南民，寄生西蜀州。忽然跨海去，譬如事远游。

平生生死梦，三者无劣优。知君不再见，欲去且少留。

北归

公元1100年，宋徽宗即位，大赦天下。苏轼得以北归。

◆ 自题金山画像 ◆

心似已灰之木，身如不系之舟。

问汝平生功业，黄州惠州儋州。

常　州

公元1101年，六十五岁的苏轼在北归途中，逝于常州。

人生到处知何似，应似飞鸿踏雪泥。

柳永

没人鼓掌,
不耽误我优雅谢幕

文明戈

在北宋的婉约诗词盛景中,有一抹恣意风流的身影。他铺杨柳烟霞为纸,蘸云中风月为墨,大手一挥便写尽了北宋的浅桃深杏、迤逦鸳瓦。

如桥边画家,在他入神勾勒那些娇俏的美景时,他浪漫多情的背影,也悄悄走进了每一个倚窗远眺的后人的梦中。

只是世人看得见他那双含情脉脉的桃花眼,看得见他浪子般的花间韵事,却独独易忽略他放荡不羁背后的无奈。

他就是柳永——那位"凡有井水饮处,即能歌柳词"的新调王者,亦是被仕途抛弃、沉沦海底的白衣卿相。

海中伏虎

比起日后沉醉于烟花柳巷的生活,柳永人生的起点可谓截然不同。

柳永出生在一个官宦世家,家风颇重儒学,祖辈皆以做学问要经世致用、学成后要出仕做官为正统荣耀。柳父更是以儒家经典名句为几个孩子起了名字,其中柳永的本名柳三变就是出自《论语》中的"君子有三变:望之俨然,即之也温,听其言也厉"。

这三变,即仪表庄重、性格温和、言谈严肃。

在这样的家风下,柳三变渐渐长大了。天资聪颖的他理所当然成了口口相传的神童,在十岁出头的年纪便写出了那篇《劝学文》:"父母养其子而不教,是不爱其子也。虽教而不严,是亦不爱其子也……是故养子必教,教则必严;严则必勤,勤则必成。学,则庶人之子为

公卿；不学，则公卿之子为庶人。"

全篇行文严谨，条理清晰，邻里乡亲看后都不住赞叹："这孩子日后定一飞冲天啊！"

这时的柳三变学习认真而刻苦，囿于小小故土一角的他心中有一个宏伟的梦——他要去看外面的世界，他要去繁华的都城施展抱负。

几年后的某日，柳三变随长辈登山览中峰寺。山路崎岖，一行人攀萝蹑石，翻岗涉水，穿越层层密林，眼前终于显露出被万峰拥裹的古刹。古刹浓荫蔽日，伏虎坛遗迹犹存。相传唐昭宗景福元年（公元892年），这里虎患横生，众人欲捕而不得，寺中有一禅师，迎兽而上。林中虎啸震天，众人皆以为禅师命绝，不多时，禅师却骑虎泰然而出。

柳三变仿佛看到了那场叱咤风云的伏虎好戏，心中感慨，提笔而成《题中峰寺》。

未来将要面临的波涛未知,此时他又何尝不希望自己像那位威武的禅师一般，一路劈山镇海，降兽伏魔？

只是年少的他还不知道,比起外面的野兽，更难降伏的是人们光怪陆离的心魔。

咸平五年（公元1002年），苦读十余载的柳三变由钱塘入杭州，打算经由此地赴京参加礼部考试。像一位从未吃过饱饭的西行信徒遇到了一席佳肴，苏杭的繁华旖旎乱了柳三变的眼，原来世间还有这样快活的地方。

在湖光山色里，鹰收起了翱翔的翅膀。

这时终日流连于勾栏瓦舍的柳三变，难道不记得他当初的理想了吗？当然记得，只是他觉得一切都来得及。他是天之骄子，有满腹才华，虚度片刻又何妨？

次年，他便以《望海潮·东南形胜》为干谒词，前往拜会杭州知州孙沔。

东南形胜，三吴都会，钱塘自古繁华。烟柳画桥，风帘翠幕，参差十万人家。云树绕堤沙。怒涛卷霜雪，天堑无涯。市列珠玑，户盈罗绮，竞豪奢。

重湖叠𪩘清嘉。有三秋桂子，十里荷花。羌管弄晴，菱歌泛夜，嬉嬉钓叟莲娃。千骑拥高牙。乘醉听箫鼓，吟赏烟霞。异日图将好景，归去凤池夸。

柳三变如一只凌空俯瞰的飞鸟，纵览这座豪华又美丽的城市。钱塘江堤杨柳浩瀚如烟，大潮汹涌澎湃，民众殷富，珠玑罗绮。

这首词笔法铺张扬厉，写尽了大宋之盛。

这首词写得有多好呢？后世有一种说法：一百多年后大金国皇帝完颜亮，就是读完这首《望海潮》，被其中描绘的三秋桂子、十里荷花的大宋江山所吸引，而派十万金兵前来攻打。

不过当柳三变捧着这首上乘之作前去敲仕途的门时，门并没有打开，甚至由于门禁甚严，这首词都没被递到被拜谒之人手里，幸好后来有人帮了他这个忙。

那是一位在当时的达官贵人眼里被视为玩物的女子——名妓楚

楚。柳三变一袭白衣,恭恭敬敬地前去献词:

"欲见孙相,恨无门路。若因府会,愿借朱唇歌于孙相公之前。若问谁为此词,但说柳七。"

楚楚看着谦和温柔的柳三变,面上一红,侧身回礼,垂眸应了下来。

中秋府会,楚楚宛转歌之,众人闻词皆惊,这等天上之语是何人所作?

柳三变一夜成名,即日被迎入府。

只是有些人注定一生沉沦在浪蕊浮花之中。

海里,又如何擒得住猛虎呢?

海不渡鹤

名声大噪的柳三变一路悠游,一路作词。

晚天萧索,断蓬踪迹,乘兴兰棹东游。三吴风景,姑苏台榭,牢落暮霭初收。夫差旧国,香径没、徒有荒丘。繁华处,悄无睹,惟闻麋鹿呦呦。

他在苏州登姑苏台,写夜雾初散水波茫茫,写朝代更替兴亡过手。

自识伊来,便好看承,会得妖娆心素。临歧再约同欢,定是都把、平生相许。

他在江淮流连忘返,写爱恋对象的容颜,写巫山神女朝云暮雨,写两人的分离。

欢情。对佳丽地，任金罍罄竭玉山倾。拚却明朝永日，画堂一枕春醒。

适逢清明节，他写艳杏烧林、缃桃绣野，与众人今朝有酒今朝醉。

他的笔便是他的心，心行至何处，笔便落到哪里。众人都吹捧阳春白雪，他却不理解为何俚言俗语不能入词。在与歌姬舞女的相处中，他分明看到了她们的天真与悲凉。

多少文人政客日日买醉，可表面上又装成一副清高模样，还要踩这些女子一脚。

柳三变扪心自问：难道自己也要如此，写些虚伪的曲高和寡之作？

明月投射在水中，亮如银盘。柳三变负手站在桥头，从身后酒楼里传来阵阵欢笑声，不知明早又会从这里走出几个看似正派端庄的士大夫。

在这个世界上，数不清的人想把自己镀成金子，可也总有人野蛮生长如山草。

既然他们写的词在天上，那便得有人写的词在地上。

不过柳三变的词写得太好了，好到在汴京博得满堂喝彩。这喝彩成了一阵风，载他翱翔了片刻，又慢悠悠地打了个旋儿，送他进入了他一辈子也爬不出的深渊。

大中祥符二年（公元1009年），春闱在即，柳三变自信无比地参加了科举考试。

对天颜咫尺，定然魁甲登高第。待恁时，等著回来贺喜。

可待他及试，宋真宗有诏——"属辞浮糜"者，皆严谴之。

于是没有想象中的"春风得意马蹄疾,一日看尽长安花",迎接柳三变的,只有冰冷的落第通知。

柳三变的笔滞住了。

他的笔尖在纸上停留许久,久到墨水滴落,洇透宣纸。半晌后,他的嘴角扬起一抹笑,就以那滴刺眼的墨为起笔之始,他龙飞凤舞地写下一首《鹤冲天》:

黄金榜上,偶失龙头望。明代暂遗贤,如何向。未遂风云便,争不恣游狂荡。何须论得丧?才子词人,自是白衣卿相。

烟花巷陌,依约丹青屏障。幸有意中人,堪寻访。且恁偎红倚翠,风流事,平生畅。青春都一饷。忍把浮名,换了浅斟低唱。

词句中,柳三变潇洒离去,把自己封为为歌姬写词的白衣卿相,投身烟花巷陌,从此将功名利禄视若尘土。那尔虞我诈的官场有什么好?不如秦楼楚馆中歌姬的温软小曲抚慰人心。

柳三变的背影肆意疏狂,满是对朝廷的不在乎。当年南唐后主李煜曾自题为"浅斟低唱,偎红倚翠大师,鸳鸯寺主",他便是效仿于此。

可事实真的如此吗?

在无人看见的地方,柳三变几乎撕破了那张黄金榜。

全词八十余字,他字字用力,把功名踩在脚下,却也欲盖弥彰地把它刻到了心里。

后来柳三变执着地又参加了几次科考,可惜均不中。天圣二年(公元 1024 年),他参加了第四次考试,这次他发挥得不错,终于有一飞冲天之势。

传说放榜前,年少的仁宗不知怎的兴起查阅试卷。他手拿御笔,顺着众考生的名字一一看下。忽然,一个名字进入了他的视线——柳三变。

这人……不是那个写《鹤冲天》的家伙吗?

皇帝饮罢杯中最后一口茶,悠悠道:"既然要'浅斟低唱',何必在意虚名?"随即持笔轻飘飘划去了这个名字,并写下批注:且填词去。

那条清浅的朱红的线,划去的不仅仅是柳永的名字,还有自大中祥符二年(公元1009年)到天圣二年(公元1024年),柳三变努力的整整十五载人生。

或许是出于不甘心,或许是为了证明自己,抑或是由于柳家家训与旧乡邻里期待的鞭策,柳三变曾拼命想游到岸上,可随着那句朱批,一切都成了泡影。

柳三变不知道是自己哪里做错了,人生才走到了这一步。

鹤鸣九皋,声闻于天。

涉彼狂澜,海不渡鹤。

兰舟荡海

柳三变离开京城前,为他送别的最后一人,是他的红颜知己虫娘。

当年落第后,柳三变去饮酒消愁。就在他醉得不能自已时,一道轻

灵如莺的声音入了他的耳。

虫娘举措皆温润，每到婆婆偏惜俊。香檀敲缓玉纤迟，画鼓声催莲步紧。

贪为顾盼夸风韵，往往曲终情未尽。坐中年少暗消魂，争问青鸾家远近。

虫娘温润美好，才思敏捷，如上天派来为他舒心解郁的仙子，猝不及防地出现在柳三变的生命里。随着两人熟稔，他得知原来虫娘也曾是大家闺秀，因父母意外双亡，才不得已出来卖艺。

在虫娘的鼓励下，柳三变一次次鼓起勇气参加科举，他也向来不吝惜自己的笔墨，用数不清的溢美之词夸赞她。

如今分别在即，天色颇暗，汴京刚下过一场大雨，空气湿冷湿冷的。远处掌船的船夫催他出发，过往行人神色匆忙，地面泥泞，落叶残败，两人如一对普通的恋人分别般依依不舍地告别。

就是在这样一个平平无奇的雨夜，一首连苏轼都为之倾倒的词横空出世了。

寒蝉凄切，对长亭晚，骤雨初歇。都门帐饮无绪，留恋处，兰舟催发。执手相看泪眼，竟无语凝噎。念去去，千里烟波，暮霭沉沉楚天阔。

多情自古伤离别，更那堪，冷落清秋节！今宵酒醒何处？杨柳岸，晓风残月。此去经年，应是良辰好景虚设。便纵有千种风情，更与何人说？

这首《雨霖铃》又作《雨淋铃》。在这长亭旁，柳三变恍若穿过百年历史尘埃，看见唐玄宗入蜀地时，闻雨中铃响而对杨贵妃生出阵阵思念的情景。

不知是离京的无奈加深了离别之苦,抑或是相反,总之这山水迢迢的千里烟波,这晓风残月的惝恍迷离,都被柳三变丝丝入扣地缝进了这首词。

夜雾深重,一眼望不到天边,深秋的风吹透柳三变的薄衫,他随着这叶扁舟飘摇南下。

送他离去的是粉黛,迎他到来的是蛾眉。

柳三变更加频繁地出入各个风月场,彻底放浪形骸。

从此,他是奉旨填词的白衣卿相,也是被全国歌姬名伶捧在心尖上的人。

不愿穿绫罗,愿依柳七哥;不愿君王召,愿得柳七叫;不愿千贯金,愿得柳七心;不愿神仙见,愿识柳七面。

陈师师、赵香香、谢玉英……那些才艺双绝的美人,都争相抢着能见柳三变一面,或是能得他的词一首。出入秦楼的人若说不认识柳七公子,甚至会被她们耻笑。

这世上有些事说来就是这么荒唐,柳三变因为莺燕毁了名,又因为莺燕得了名。

后来,柳三变开始漫游天下,汴京、西北、关中、渭南、成都……

他在漫步长安时,曾写下一首《少年游》:

长安古道马迟迟,高柳乱蝉嘶。夕阳鸟外,秋风原上,目断四天垂。

归云一去无踪迹,何处是前期?狎兴生疏,酒徒萧索,不似少年时。

长安古道乃是汉唐最繁华的地方,而现在只有他骑着瘦马,落寞

走过。夕阳西下,在这萧条的景致下,柳三变想到自己志意无成、年华已逝,所谓少年游,再游却早已不是少年。

他如海上扁舟,漂泊无定了半生。

如今,可还有归途的机会?

雪涛煮海

景祐元年(公元1034年),宋仁宗特开恩科,对过往历届落榜者放宽录取尺度。

老天爷就是这样,像个爱开玩笑的说书人,总会在人生章节的起落处,安排一些意料之外的情节。

柳三变得知消息后,立刻从鄂州出发,赶赴京城参加恩科考试。那天晚上,他看了一夜的月亮,终于在启明星升起时,脱掉了那件被人爱、被人骂的柳三变的外衣,为自己重新起名为柳永。

柳三变死了,柳永却成功了。

他进士及第,同年五月,出任睦州团练使推官。

三年后,柳永调任余杭县令。他爱民如子,深受当地百姓爱戴。

在此之前,没人想过这样一个放荡半生的浪子,竟是一位为民发声的好官。

宝元二年(公元1039年),柳永任浙江定海晓峰盐监。他发现海边的盐民生活异常辛苦,需要搜刮退潮后含盐的泥土,风吹日晒盐泥,再历经日夜沸煮等多道工序，才能制成雪白的盐。制作好后，还要受到官府剥削，被低价收购，以至于盐民人人面如菜色，食不果腹。

柳永当即作《煮海歌》，讽谏当局，恳请朝廷罢免劳役与盐税。

> 晨烧暮烁堆积高，才得波涛变成雪。
> 自从潴卤至飞霜，无非假贷充糇粮。
> 秤入官中得微直，一缗往往十缗偿。
> 周而复始无休息，官租未了私租逼。

这就是柳永的笔，它从来不是只能绘柳街灯市，它也能深入万民疾苦，写他们的血与泪。

只是看见的人太少，在乎的人也太少。

大家更想谈论落魄词人缠绵至死的风流艳事，谁会在意这个名不见经传的小官见闻的辛酸？

就这一点来说，柳永是勇敢的。

毕竟若他一直不进入仕途，他可声称自己就是不理浮名爱风月，那大抵人设也能从一而终。但此番重新开始，便是把自己的心剖出来给天下人看。

——什么白衣卿相奉旨填词，我只是不得赏识罢了。

海月白衣

庆历三年（公元1043年），柳永调任泗州判官。

此时他已在基层任职九年，颇有政绩，按照宋官员的考核制度，理应升迁，柳永却"久困选调"。

因此，柳永献出一首颂圣词《醉蓬莱》：

渐亭皋叶下，陇首云飞，素秋新霁。华阙中天，锁葱葱佳气。嫩菊黄深，拒霜红浅，近宝阶香砌。玉宇无尘，金茎有露，碧天如水。

正值升平，万几多暇，夜色澄鲜，漏声迢递。南极星中，有老人呈瑞。此际宸游，凤辇何处，度管弦清脆。太液波翻，披香帘卷，月明风细。

柳永穷尽笔法，写秋日皇宫佳景，歌颂大宋太平盛世。你瞧，那天边是祥云，铜仙人的承露盘里是延年的甘露，在皇帝日理万机后的闲暇时刻，夜空中出现了什么？那是老人星，意思是皇帝必千秋万岁，大宋也将和平安泰。

这首词并没有讨来仁宗的欢喜，仁宗甚至从未喜欢过柳永。

一句"颂词与悼词合"，仁宗将《醉蓬莱》弃之于地，再次断了柳永的官路。

这时的柳永六十岁，可他却像个迷路的孩童，站在原地不知去向何处。

此刻他是谁呢？是重新开始却败了的柳永，还是再也回不去的柳三变？

柳永是他本想要的未来，是垂暮之年时天上的月亮；柳三变是海中的倒影，随着他的记忆泛起涟漪，水波一动，就碎成了一摊影子。

又过了十年，那年晏殊在当临淄公，包拯在任刑部郎中，王安石初露头角，声誉日隆，苏轼正在家苦读诗书，四年后的他将名动京师。

就在这一年,当那些英杰们在大宋的夜空中闪耀时,柳永不声不响地走了。

死前他一贫如洗,甚至没有钱下葬。

时至今日,你如果去北固山游览,能看见在一个不起眼的山坡上,立着一块小小的破败石碑,那便是柳永的墓。更可笑的是,这样一位词坛大家,正史之中没有一句关于他的记载,我们只能用他留下的那些诗词零散拼凑出他的一生。

有的人不忍看他就这样消亡,于是为他写了一个"群妓合金葬柳七"的浪漫结局,让他在花中绽放,也在花中离开。

郊外绿阴千里,掩映红裙十队。惜别语方长,车马催人速去。偷泪,偷泪,那得分身应你。

这是当年柳永离开东京时,群芳前来送他的画面。因此我相信"群妓合金葬柳七"就是历史事实,就是属于他的荒唐又美好的最后篇章。

不是每个人都要以建功立业作为人生的句点,也不是只有王侯将相才更值得被铭记。

因着这位白衣卿相的笔,宋词才有了大众化的发展,才有了独特的女性观。

因着他的笔,那些历史尘埃般的普通女子,才能被看见她们灿烂鲜艳、巧笑倩兮的瞬间。

他死了,可那些女子永远活在他的词里,永远作为婉约派的一页蓬勃跳动着。

他是柳永也罢,柳三变也罢,一辈子成功也罢,失败也罢,还重要吗?

留下来点儿什么，被人记住点儿什么，就够了。

纵使逝如海月，又何枉此生？

文/心/诗/语

柳永的忧愁

少年游·参差烟树灞陵桥

参差烟树灞陵桥,风物尽前朝。衰杨古柳,几经攀折,憔悴楚宫腰。夕阳闲淡秋光老,离思满蘅皋。一曲阳关,断肠声尽,独自凭兰桡。

在写愁绪的赛道上,柳永简直没有对手。古往今来,长安的灞桥见证了一次又一次离别。

而当柳永徘徊于桥上时,他正作为一个失意人途经长安,万千思绪涌上心头,羁旅之苦与离愁化作他笔下的哀婉词句。

意译

参差不齐的柳树掩映着灞陵桥,此处的风物和以前一样。人们折柳相送,残柳被几度攀折,憔悴得仿佛楚宫里的细腰女人。

夕阳西下,秋光逐渐淡去,离别的愁绪如蘅草般铺满了江岸。一首《阳关曲》,曲尽人断肠,独自倚靠着离去的小舟栏杆。

雨霖铃·寒蝉凄切

寒蝉凄切，对长亭晚，骤雨初歇。都门帐饮无绪，留恋处，兰舟催发。执手相看泪眼，竟无语凝噎。念去去，千里烟波，暮霭沉沉楚天阔。

多情自古伤离别，更那堪，冷落清秋节！今宵酒醒何处？杨柳岸，晓风残月。此去经年，应是良辰好景虚设。便纵有千种风情，更与何人说？

这是柳永的著名代表作，许多人上学时在语文课本上读到过。这首词是柳永眼见科举及第无望，仕途失意，不得不离开汴京，与歌姬分别。这首词，仅写一个"愁"字，读来如身临其境，仿佛我们也置身于那个烟雨朦胧的长亭中，恍惚迷离，不能自主，难怪清朝文学家沈谦说"词不在大小浅深，贵于移情"。

意译

傍晚的长亭蝉声凄切，一场急雨刚停。在汴京城外设帐饯别，却没有一醉方休的心情。正依依不舍的时候，船家催我尽快出发。

我握着你的手相看，满眼泪花，千言万语化作无言。这一去，千里迢迢，雾霭沉沉的天空一眼望不到尽头。

自古以来多情的人离别最为伤心，更何况是在这寂寞萧索的秋日！

今夜酒醒后，我将身在何处？我的身边恐怕只有杨柳岸边的晨风与残月了。

这次离去后，你我天各一方，多年不能相见，纵使良辰美景，也形同虚设。纵有满腹情意，又能跟谁说呢？

蝶恋花·伫倚危楼风细细

伫倚危楼风细细，望极春愁，黯黯生天际。草色烟光残照里，无言谁会凭阑意？

拟把疏狂图一醉，对酒当歌，强乐还无味。衣带渐宽终不悔，为伊消得人憔悴。

这首词推测作于宋真宗咸平五年（公元 1002 年）之后，具体创作时间不详。当时柳永漂泊异乡，因怀念意中人而作此词。时至今日，我们已经不知道词中的"伊"是谁，但这思念入骨的愁绪，我们千年之后读来，仍感同身受。

意译

我伫立在高楼上，迎着细风，放眼望去，无尽的春愁黯然布满天际。夕阳斜照，草色蒙蒙，谁能知我为何独自凭栏？

本想对酒当歌，一醉方休，又觉得勉强欢笑索然无味。衣带渐宽我也未曾后悔，为了你我情愿变得憔悴。

王学位

答案会自己走向你

文 明戈

王守仁（世称阳明先生）绝对是明代，乃至整个哲学夜空中最为闪耀的星子之一。

王守仁的一生有多灿烂多传奇呢？

他是心学集大成者，思想震天动地，不仅风靡国内，还传播到世界各地。除了在哲学与文学方面颇有建树，他在军事上的能力也相当杰出，接连平定叛乱未尝败绩，以军功封爵。

《左传》有云："太上有立德，其次有立功，其次有立言，虽久不废，此之谓不朽。"王守仁，便是这样一位德、功、言皆居绝顶的"三不朽"圣贤。

初出茅庐

每一个伟人都有一个传奇的开始，王守仁也不例外。

其实他一开始并不叫这个名字，只因祖母梦见了天神衣绯玉，于云中抱一赤子降下，于是满心欢喜地给他起名王云，就连住的地方都更名为瑞云楼。

天赐神婴，理应为神童，可这位神童直到五岁还不会说话。邻里都安慰说贵人语迟，可如此拖下去也不是个办法。偶然一日，一位高僧路过，摸着王云的头为一家人解了惑："'云'，说也。叫这名字，不是道破天机吗？"

祖父恍然大悟，连忙翻阅《论语》，以"知及之，仁不能守之，虽得之，

王
守
仁

必失之"这句为源，为他改了名，作"守仁"。那句话的含义是，如果仅靠智慧获得一些东西，却没有德行去保持它，就算得到了，也还是会失去。

说来也巧，刚改完名，王守仁就开口说话了。

祖父的期许，也是王守仁贯穿一生的信念与追求。

十二岁时，王守仁去私塾读书。先生与众学生探讨何为天下最要紧之事，对于先生说的"读书登第乃第一要事"，不过半人高的王守仁提出了反对意见："登第恐未为第一等事，或读书学圣贤耳。"

众孩童以为王守仁在说妄语，嗤笑阵阵。

天下熙熙，皆为利来；天下攘攘，皆为利往。但在王守仁的眼中，做官有什么意思？发财又有什么意思？人活一世，当如鹤立鸡群、石中美玉。

王守仁盯着天上的太阳出神，问题来了：怎么成为圣贤呢？

所谓圣贤，即才智超凡、品德高尚、对社会有用的人。如今起义频发，社会动荡不安，征战沙场、保家卫国，应当是最迫切的事了。再说，儒者患不知兵，仲尼有文事，必有武备。于是，王守仁开始看兵法。

不仅看，他还练，每逢课后，"制大小旗帜，付群儿持立四面，自己为大将，居中调度，左旋右转，略如战阵之势"。

除此以外，他也研究计谋。比如继母赵氏对他又打又骂，他就上集市买了一只猫头鹰，放到了继母被子里。在古代，鸮鸟入室是为凶，继母看到后大惊失色。王守仁立刻劝她找法师来看看，随后又买通了来作法的人，令其以生母郑氏的口吻说话。赵氏被吓得魂飞魄散，此后再没敢找王守仁的麻烦。

经过研读《三略》《六韬》，学习弓马之术，十五岁时，王守仁觉得自己学得差不多了。适逢石英、刘通等人起义，于是他三番五次想上书皇帝献平定之策，更想带几万人马为国靖难，讨伐鞑靼。

父亲连连摇头，觉得这孩子算是养废了，只冷冷回了他七个字："书生妄言，取死耳。"

说起王守仁的父亲王华，那可不是一般人物，其乃辛丑科进士第一名，是名副其实的状元。既然状元爹这么说了，王守仁也就把经略四方的理想埋进心里，将目光投向了思想层面的圣人之道。

那时候他对各类哲学学说有多痴迷呢？他十七岁时，父亲曾为了让他收心而给他谋了一桩婚事，让他与诸养和之女诸氏成婚。可结婚当日，这位新郎官竟然不见了。原来他偶然遇到一位道士，听其讲养生术入了神，于是大婚之夜和一个道士相对静坐了一宿。

次年王守仁去拜谒理学家娄谅，就此得知"格物致知"之学。朱熹有云，只需通过格物，人人可寻得天理，进而知晓圣人之道。王守仁只觉心头划过一道灵光，大受鼓舞。正巧父亲就职的官署中种了许多竹子，为了践行"物有表里精粗，一草一木皆具至理"，王守仁打算从竹子开始"格"起。而这一"格"，便是不眠不休的七天七夜。

结果他什么也没格出来，唯一的"收获"就是自己劳累过度，得了肺痨，差点死去。

这一年，王守仁十八岁。

这些年，他东一榔头，西一棒槌，搞了很多事情，也闹了许多笑话。到头来学武不成，科举未行，思想世界坍塌，身子还落了病，似乎距离他的圣贤梦越来越远。

不过命运就是这样,你以为的弯路,或许隐含着重塑你的馈赠,而不开花的日子,都是在土里默默生根。

就这样,在众人看来有些好笑的这个皮囊下,一个将照彻思想长夜的灵魂正凝聚成形。

向死而生

从鬼门关走了一遭,加上祖父离世,王守仁的性格更加沉稳而内敛,肺疾如一片巨大的死亡阴影,时刻笼罩着他。

身为状元之子,不参加科举考试是不可能的,不过他的运气并不太好,接连两次都失败了。面对大家的开导,王守仁摆手称:"你们以不登第为耻,我却以不登第为之懊恼为耻。"这话乍一听来是在替自己落榜找借口,可从"懊恼"两字,已然能窥出日后将大放光芒的心学缩影。

终于在二十八岁这一年,王守仁举南宫第二人,赐二甲进士第七人。可他才刚刚考出点成绩,人生又被迫按下了暂停键。

他旧疾复发,彻夜咳嗽震得他肝胆几欲开裂,整个人被折磨得饭食不思、形销骨立。

一日,王守仁登华山疏解抑郁,只见幽谷中清流金沙、碧水若空。沿着千仞苍壁登顶后,满眼万里翠盖,绮霞掩映。清风袅袅拂袖,他似要漫步到天上,叩开云门环望天柱,观仙人起舞。

在如此仙景中,他挥笔写下《九华山赋》其中有句云:

濑流觞而萦纡,遗石船于涧道;呼白鹤于云峰,钓嘉鱼于龙沼;倚透碧之峗岏,谢尘寰之纷扰;攀齐云之巉削,鉴琉璃之浩漾。

王守仁躺在石间草地,只觉自己的身子越来越沉,几乎要和整座山融为一体。

肉体的痛苦与思想的茫然让他沉迷于道教思想之中:不如……就这样归去吧,抛弃尘世,回归名山大川。

可他的心头却有一道炽热的印记在灼灼发烫,那印记是年少时疼爱他的祖父亲手种下的:

"守仁啊,举世皆浊,你当以仁为光,于暗室持炬。为天地立心,为生民立命,为往圣继绝学,为万世开太平。"

没有人不畏惧死亡,但此刻王守仁却从自己垂如枯木的心肺中,从缠裹自己到窒息的恐惧里端端生出一股向死而生的勇气来。

死亡赋予生命意义,让人知道人生苦短、去日无多。

既然不知何日而亡,那便尽力活,活得通透磊落,才不枉此生。

立言之始

弘治十七年(公元1504年),王守仁养病归来,经由父亲安排,他被重新起用,授兵部武选司主事。

王守仁

"人道洛阳花似锦,偏我来时不遇春。"次年,明孝宗朱祐樘便猝然离世,随后那个任性又荒唐的小皇帝朱厚照登基了。

在他的宠信和授意下,以刘瑾为首的八名宦官,如八虎般用獠牙咬破弘治中兴刚聚拢的祥云,为大明招来僵冷骇人的凛冬。弘治十八年(公元1505年),灾害丛生,京畿阴雨连绵,水漫屋田;次年,京师流星陨落,天鼓自鸣,雷电击毁郊坛、太庙等处的脊兽。

仿佛连老天爷都在对这位皇帝表达不满。

群臣纷纷弹劾,参劾刘瑾的折子堆成了山。可刘瑾权势日盛,甚至敢明目张胆地追杀文官,还逮捕反对自己的戴铣、薄彦徽等二十余朝臣。

此时若是聪明人,早就为保命顺势倒戈了。毕竟这世上的污浊之流太多,坚守道义的人寥寥无几。

王守仁难道不聪明吗?他当然聪明。

可他仍然站了出来,选择做那少数派——甘愿逆风上疏救人,甘愿入狱承受没来由的四十大板,甘愿被谪贬至贵州龙场,当一个小小的驿栈驿丞。

龙场在什么地方?它地处贵州中部的修文县,偏僻闭塞,四周万山荆天棘地,蛇虺魍魉,蛊毒瘴疠,与居夷人缺舌难语,可通语者,皆中土亡命。

> 险夷原不滞胸中,何异浮云过太空。
> 夜静海涛三万里,月明飞锡下天风。

面对这样的环境,王守仁写下了如此诗句——一切艰难都不过掠空而过的浮云,不会在我的心中停留。当荒诞统治世界,我将在明月下，手持禅杖，以浩然正气踏破三万里浪涛。

可此时他却忘记了一件事——

那个从自己年少时便紧紧跟随在身后的死神，目光从未远离过自己。

王守仁赴任途中，刘瑾派锦衣卫追杀他。在此之前，刘瑾已暗杀了他的几位同僚。

在龙场驿，身为谪官的王守仁不得住驿站，只得择小孤山一洞口，独自搭起"不及肩"的草庵栖身，条件十分艰苦。

当地有祭祀蛊神的夷俗，"有土中人至，往往杀之以祀神，谓之祈福"，于是没过多久，他们决定杀掉王守仁祭神。

死神的大手屡屡以遮天之势伸向王守仁，等待他跪地求饶。可王守仁却昂起头颅，用渺小又坚定的身姿，跨过一切向命运开战。

"屈居幽暗境，由是悟明夷。"

碧水畔，他以投江假死逃过刘瑾的追杀，成功来到龙场驿。

他离开了小孤山草庵，在龙冈山上寻到一个可遮风挡雨的岩洞，以天然窦穴为灶台，平展的石块为床榻，将日子过得有声有色，还把这岩洞命名为"阳明小洞天"。

当地夷人卜卦后发现杀掉王守仁不太吉利，遂作罢。王守仁也不记仇，后来反而与夷人成了朋友，还得到他们的帮助，修筑了房屋"何陋轩"。

王守仁就这样化解了一个又一个危机。他长笑一声天地宽广，把龙场驿当成了绝佳的参悟场所。

此时他已与死神抗衡数次,得失荣辱诸般心绪皆超脱,待他真正参透生死与天道,便是聚力还击之刻。

不就是死吗?

王守仁看着身后的阴影心中冷笑,随后造了一座石棺,躺卧其中日复一日悟道,忘己忘物,忘天忘地,与空虚同体。

水滴石穿,一瞬星霜。他屏息凝神,魂魄翱翔至天际。

他掠过万法皆空的佛家山峰,穿过独自求仙的道家云层,避开"格物致知"的理学流风,到了一片静谧非常之所——心湖。那里琪花瑶草,神霄绛阙,诸大家的思想之果悬挂其中,熠熠生辉,王守仁伸出手依次端详着。

非也……非也……都不是……

王守仁的脚步逐渐凌乱,额角沁出汗来。随着他的心湖泛起波澜,这处仙境也不再平静,沙石骤起,黑云压城,死神手持镰刀从湖心而出。伴着呼啸的朔风,他过往的不幸、大明的悲歌,甚至万世万民的苦难,都扭曲着扑向他。

忽然,其中一枚果实闪出异样的光。

"事物虽多,莫非在我。"那是他的旧友湛若水从师父那里听来的话。

紧接着,他周遭的事物统统消失,化为数不清的镜子,将王守仁围绕在其中。

因着镜子的照射,他的身影投射成千千万万个,乾坤流转间,构出整个世界。

不,是整个宇宙。

瞬间，一道惊雷在王守仁的头顶轰然炸响，万顷天光骤然洒落，心湖亮如白昼。

"圣人之道，吾性自足，向之求理于事物者误也。""理"不在万物，无须向外界寻求，心即"理"也。

就这样，在一处微不足道的小洞天的石棺内，"明阳心学"诞生了。

此时刘瑾正在大肆贪银受贿，朱厚照在豹房内纵情声色，他们写满欲望的眼睛，看不见一阵自由的风正从破败的龙场驿拔地而起，以席卷天地的气势，浩荡又热烈地奔向永恒寰宇。

这一刻，王守仁终于彻彻底底地战胜了死神。

死亡不是失去生命，只是走出了当下的时空。只要思想的能量足够大，便会拥有超越古今的能力。

事实证明，那场五百多年前发生的"龙场悟道"，从明末，到民国，到现在，一次次以它不竭的力量，护佑着象征自由与解放的旗帜。

王守仁看向龙场驿刚刚东升的太阳——

万物皆藏于心，心动则万物动。

此后风霜雨雪，何惧之有？

立功之途

正德十一年（公元 1516 年），得益于兵部尚书王琼的赏识，王守仁被擢为都察院左佥都御史。

当时江西盗贼四起,剽掠各府县,猖狂至极,甚至官府里都有盗贼的奸细,王守仁到任后,即刻面临着剿匪的紧急任务。

儿时那些看起来多余且无用的军事学习,终于在三十年后的此刻发挥了作用。

他到任后,先是威吓策反仆役,让他们戴罪立功,用反间计探查盗贼的行动,随后深入调查了山川地利和匪军的据点分布,分析敌我形势,以求知己知彼。

他用兵诡异独断,亲率精锐部队在上杭屯兵,以撤退蒙蔽敌人,又迅猛反攻,连破四十余寨,杀俘七千多人。随后克左溪、横水,破巢八十四,又杀俘六千余人。从赣州到广东龙川再到江西,三省为祸多年的老匪被他尽数剿灭,以致百姓皆高呼其为战神。

凯旋路上,王守仁放声大笑。他如此欣喜,可是因为有机会被论功行赏?

十五岁时他溜去居庸关考察敌情,归途中偶然遇到两个鞑靼士兵,年少的他不退反进,直接将两人打伤。

他曾去拜访于谦祠,悲痛其英烈,写下"赤手挽银河,公自大名垂宇宙。青山埋白骨,我来何处吊英贤"。

弘治十二年(公元 1499 年),边患紧张,火筛攻入大同左卫,大掠八日。王守仁调研后立刻上书《陈言边务疏》,阐述自己的安边八策。

十年磨一剑,霜刃未曾试。

今日把示君,谁有不平事?

王守仁策马快意乘风，身边那柄威宁宝剑[1]凛凛生辉。

一切和功名利禄无关，皆是因为心中理想，那是即使当年被父亲打击，也一刻都未放弃过的报国理想。

正德十四年（公元 1519 年），宁王朱宸濠发动叛乱。当年燕王朱棣，便是通过"靖难之役"夺了朱允炆的皇位。消息传至京城，朱厚照与群臣俱惊，唯有信任王守仁的王琼镇定自若——"王伯安在江西，定能擒获叛贼。"

一道圣旨降下，无人敢接的烫手山芋落到了王守仁身上。

不过这些都在王守仁的预料之中。

他一早就看出宁王有造反之心，因此提前下好了一步棋，派弟子冀元亨到其身边讲学，以作内应。可惜此时王守仁已将兵符上交兵部，手中无一兵一卒，如果宁王沿江东下，留都南京必然失守。于是王守仁假装传檄各地人马至江西勤王，又到处张贴假檄以迷惑宁王，放出风去：朝廷派兵与自己的军队共十六万人马，将攻打宁王老巢南昌。

宁王不是傻子，自然不会按王守仁的计划走。为争取时间集结兵马粮草，王守仁又设计令宁王与伪相李士实、刘养正生出嫌隙，让其不敢进兵南京。十余天后，宁王得知自己被骗了，立刻举兵逼近安庆，对南京虎视眈眈。

此时，王守仁对比宁王手中的兵力，仍旧是以卵击石。面对他人支

---

[1] 威宁伯王越佩剑。王越，明朝中期将领、诗人。王守仁曾督建其墓，佩剑乃其家人所赠。

援安庆的建议,王守仁在棋盘上又落了一子。他传下令去,以全军之力攻打南昌。他猜测宁王必会回头支援,此时我军锐气正足,自然能给惊慌的宁王军队迎头一击。

王守仁运筹帷幄,算准了宁王的每一步。以至于两军交战于水上时,他正气定神闲地在都察院讲学。

短短三十五天,宁王战败被俘,王守仁赢了。

他当然会赢。

他格心格了半辈子,心早已如光如明镜。

"圣人之心如明镜,只是一个明,则随感而应,无物不照……只怕镜不明,不怕物来不能照。"在这般透彻的照射下,什么敌人还看不透?什么计谋还参不破?

王守仁就是抱着这颗明镜之心,战神一般牢牢挡在了他的国前面。

他的国是谁?是大明。大明现在是谁的?朱厚照的。

这场仗他打得太漂亮了,漂亮到显得别人都是凡夫俗子,就连九五至尊的当朝皇帝都失去了颜色。

他的明镜可照万物,独独没照到他殊死庇护的身后。

立德之终

不久后,王守仁接到一条密令——将宁王在鄱阳湖上放了,皇上要亲自再捉一遍。

王守仁几乎不相信自己的耳朵。

叛乱已平，皇帝仍以"威武大将军"的名头御驾亲征，劳民伤财，只为史书上歌功颂德的两笔。

这何其荒谬？简直是滑天下之大稽！

"终明之世，无一日无民变，终岁不绝。"百姓早已无力上交赋税，为皇帝搭这戏台。好戏一开，八方来听，一方人，三方鬼，四方神明，可当鬼怪神佛漫天时，谁又能为百姓发声？

唯有王守仁等少数人。

因此他坚决不交宁王，抗旨发出捷报，只为螳臂当车，欲请回銮罢六师。

如一束光照进铁塔，塔内的肮脏龌龊被显现，这束光便有了罪。宦官张忠和许泰笑着吐出毒蛇般的信子："抗旨不遵，便是与宁王私通，存谋反之心。"

最后这出荒诞可笑的闹剧是怎么收场的呢？

佞臣江彬一行人在江西大行株连诬陷，捕平叛功臣，污王守仁"与宸濠通谋，虑事不成乃起兵"，予冀元亨炮烙之刑。

后来王守仁称病辞官，远离了这是非场，回到老家创建书院，专心讲授心学。来求学的弟子踏破了门槛，"每临讲座，前后左右环坐而听者，常不下数百人。送往迎来，月无虚日，至有在侍更岁，不能遍记其姓名者"。乡绅富豪、贫寒乞人，王守仁皆一视同仁地教。他摇着一把旧扇子，一遍遍地对新来的弟子说，要"知行合一，致良知"。

知行合一,是说人的外在行为要和内在的想法保持一致。而良知,则是心底的仁德仁义。

纵观此生,王守仁也的确是这样做的。

前面遗漏了一点细节——王守仁好不容易考中进士后,是因何旧疾复发的?

那时他做刑部主事,受命在江北等地决断囚狱。他干得太拼命了,四处奔波为冤假错案平反,加上受风雪天气影响,身体不支病倒。他的仆从不理解,同僚也不理解:费那么大力气重审,不是打办案官员的脸吗?况且那么多错案,救得了一人,救得了千万人吗?

王守仁翻着一卷卷案宗,目光纯净如水:虽不能救千千万万个人,但见我此行,定会有千千万万个人如我般行动。

对于三省老匪,朝廷多年来束手无策,他是如何一朝清除的?

王守仁深知山匪一半是匪,一半是被逼得活不下去的民。于是他恩威并施,外剿内化:"何不以尔为贼之勤苦精力,而用之于耕农,运之于商贾……岂如今日,担惊受怕。"他把寺庙改为学堂,衙门改成书院,甚至将高脚牌上的"肃静"与"回避"改成了"求通民情"与"愿闻己过"。

正是因为仁德与爱民如子,王守仁奏设了平和、崇义、和平三县。

王守仁知道,只要自己坚持"良知",必会在他人的心中生下根,在不久的将来开出繁花来——这是他从父辈身上曾看到过的。是的,就是那位曾痛批他"书生妄言,取死耳",因他不好好养病,怕他死掉而强令仆人熄灯的父亲。

当年王守仁仗义执言引来龙场之灾，刘瑾本来提出了交易条件：只要王华与自己为伍，就能放王守仁一马。

可王华骄傲地回绝了刘瑾，言："吾子得为忠臣，垂名青史，吾愿足矣！"

"我此良知二字，实千古圣圣相传一点滴骨血也。""某于此良知之说，从百死千难中得来。"

王守仁没有辜负祖父的期盼，将"守仁"二字行了一辈子，又将其传给弟子。弟子再立师门，再传给他们的弟子。

代代相传，生生不息。

晚年，他的身体每况愈下，而朝廷却再次派他剿匪。

他的最后一仗打得依旧漂亮，甚至不少匪军听说了他的名号，就纷纷自愿投降。后来他上疏乞求告老还乡，朝廷迟迟未批，因为这把刀还没用完。

王守仁没有等朝廷的批复，他背着不多的行李独自离去，他真想念故乡的小桥流水，想念讲堂里的琅琅书声啊！

嘉靖七年十一月二十九日（公元1529年1月9日），舟行至青龙港，红灿灿的旭日刚从水面上升起，死神站到了王守仁的面前。

他躺在木床上，身子薄得像一张纸，肺里仿佛装了一个风箱，艰难地呼吸着。这一次，王守仁没有再抗争，而是笑着伸出了手，轻轻道："走吧，我跟你走。"

闭上双眼前,他留下了最后八个字——"此心光明,亦复何言。"

此时他还记得自己年少时在课堂上,叉着腰与老师叫板"我要当圣贤"的事吗?

王守仁这一辈子,的确是怀着要当圣贤的心出发的。可走着走着,什么成圣,什么名垂青史,慢慢不重要了,就连立德、立功、立言的"三不朽",都是后人给评的。

他在意的只有一件事,便是对得起自己的心,磊落坦荡,仁德纯良。

王守仁死后,丧过江西境内,军民皆素缟哀哭。

而王守仁早已化为自由的灵魂,穿越在世界的每一个角落,用他光明灿烂的心照耀每一个后人。

震霆启寐,烈耀破迷,暗室持炬,千古阳明。

文/心/诗/语

王守仁的格言册

01

知者行之始,行者知之成。

意译 人应当知行合一,知是行的开始,行是知的完成。

知而不行,只是未知。

意译 知道但不行动,等于不知道。

02

人须在事上磨,方立得住,方能"静亦定,动亦定"。

意译 人应当在具体的事务中磨炼自己,方能站稳脚跟,方能磨砺心性,处事不惊,无论处于静态还是动态,都能保持内心安定。

王守仁

03

心即理也,天下又有心外之事、心外之理乎?

意译 心就是理,是我们的心映照出了世间万象和事理。修心即是修行。

04

无善无恶心之体,有善有恶意之动。
知善知恶是良知,为善去恶是格物。

意译 人的内心本来是纯净、无善恶之分的,但当人们有了意念时,善恶也随之产生。
良知是我们判断善恶的标准,格物则是我们为善去恶的方法。

05

日间工夫,觉纷扰,则静坐,觉懒看书,则且看书,是亦因病而药。

意译 白日里被俗事缠绕,便静坐;贪睡懒得看书时,便起来看书。跟生病了吃药一样自然。做困难的事,反而会得到好的结果。

06

不贵于无过，而贵于能改过。

意译 没犯过错没什么了不起，真正了不起的，是知错就改。

07

惟天下之至诚，然后能立天下之大本。

意译 只有天下最真诚的心，才能确立天下的根本基础。

08

凡处得有善有未善，及有困顿失次之患者，皆是牵于毁誉得丧，不能实致其良知耳。

意译 凡处理事情时，有时做得好，有时做得不好，以及遇到困惑、失序等问题的，都是由于被毁誉得失所牵绊，不能切实地遵循自己的良知罢了。

此心光明，亦复何言。

王维

允许一切如其所是

文 青州从事

说起佛系诗人，大多数人的脑海里浮现出的第一个名字，应当是王维。

他的佛系，从他的字中就现出端倪——"维摩诘"，在梵语之中意为"无垢"。

即便身处豪情万丈、繁花似锦的大唐盛世，王维也总是平和的。他一生礼佛修禅、半官半隐，流传至今的诗句，也大多清新淡远、禅意盎然。

因此后世人称他为"诗佛"。

或许没有太多人知晓，最初，他也曾是鲜衣怒马的少年郎，逸兴遄飞，壮志凌云。只是世事常常不遂人愿，昔日的擎云心事，终究化作了一句"世事浮云何足问"。

王维的前半生，算得上鲜花着锦、烈火烹油。

他出身于"五姓七望"之中的太原王氏。魏晋以来，直至隋唐，士人都极为讲究门第出身，而五姓七望，便是当时朝野之中最为显赫的门阀。官至宰相的薛元超也曾慨叹：" 此生所遗憾者，未能娶五姓女。"

出身清贵的王维，偏偏还有着超群的天资。苏东坡那句著名的"味摩诘之诗，诗中有画；观摩诘之画，画中有诗"，便是对其诗画之艺的精妙注解。他亦精通乐理，据传某次他看见一幅奏乐图，便精准认出此图画的是《霓裳羽衣曲》的第三叠第一拍。纵使这个故事的真实性有待商榷，可世上传言大多并非空穴来风，这则轶事便体现了人们对王维音乐造诣的认可。

这般才华，也为王维日后在长安大放异彩埋下了伏笔。

十五岁那年，王维拜别母亲，踏上了求取功名的道路。甫一进京，他便成了京城权贵的新宠。

多年后，杜甫在《江南逢李龟年》中写"岐王宅里寻常见，崔九堂前几度闻"。身为大唐顶级音乐家的李龟年，是岐王府上的常客，而昔年的王维，亦是岐王李范的座上宾。他与长安名流们广泛交游，多有宴饮，可谓风光无限。

试问，谁又能拒绝风流蕴藉的翩翩少年呢？王维是值得歆羡的，但不可否认的是，光芒万丈的他，就应当站在人群中央。

不久之后，在岐王的引荐之下，王维结识了深受唐玄宗宠爱的玉真公主。"妙年洁白，风姿都美"的他，在筵席上以一曲《郁轮袍》轻而易举地博得了公主的青睐。在公主的举荐下，开元九年（公元721年），他一举折桂，被任命为太乐丞，总算是真真正正地在京城站稳了脚跟。

在一众盛唐诗人中，王维似乎是最幸运的那个。李白二十余岁时尚在游历四方、干谒诸侯，欲在朝堂之上谋取一席之地；二十岁的杜甫初试落第，漫游齐赵；即便是后来功成名就的高适，而立之年时亦是郁郁不得志，在边关荒凉之地寻求出路。

唯有王维，家世、才华、容貌、时势，每一样他都抽中了上上签。倘若不出意外，他应当能平步青云，一展抱负。

可惜人生漫漫，从来不是一条坦途。上任不过短短数月，横祸便降临在了王维的头上——他手下的伶人私自舞了本只有皇帝能观赏的黄狮子，连累他被贬为济州司仓参军，不得不仓促离开京城。

而这不过是他人生中的第一个转折点。接下来的五年里，曾经在长安无比耀目的年轻诗人，被朝廷久久遗忘在偏远之地，做一个小小的参军。

开元十四年（公元726年），久受朝廷冷落的王维终是选择了辞官归隐。

> 清川带长薄，车马去闲闲。
> 流水如有意，暮禽相与还。
> 荒城临古渡，落日满秋山。
> 迢递嵩高下，归来且闭关。

这首《归嵩山作》，便是创作于他这段隐居时光。

放眼望去，流水潺潺仿若有情。暮色四合时，鸟儿同人一道归来，古渡余晖美得不可方物。在这样的嵩山脚下，他甚至产生了在此安度余生的想法。

现实中遇到的连番挫折，终是将昔年的飞扬逸兴消磨殆尽。如今他告诉自己：追名逐利何等辛苦，清风明月足以一洗尘劳。

做不做官真的无所谓吗？还是说，因为别无选择，所以索性以"无意"来掩饰"求不得"？

我有时觉得，比起痛快说出"仰天大笑出门去，我辈岂是蓬蒿人"的李白，王维少了一分坦诚。

对山水田园风光的喜爱并非作伪，可至少有那么几个瞬间，他还是会羡慕那些高居庙堂的人吧？谁不想功成名就，青史留名，造福世间？

王维

　　王维大抵亦有这般心思，只是性格使然，他不会在落拓之时如李白一般口出狂言、直抒胸臆。含蓄内敛的人更习惯将心事掩埋，神伤与忧愤都在无人的角落，而世人所能瞧见的，唯有一个云淡风轻的剪影。

　　在爱情上，王维亦是如此。

　　隐居期间，他经历了妻子辞世。翻开诗集，王维留下的四百余首诗，无一是写给他的妻子崔氏的。可史册上却也明明白白地记载着他"妻亡不再娶，三十年孤居一室"。

　　崔氏离开他的那一年，他不过三十一岁，续弦似乎是情理之中的事，更何况他尚无子嗣。

　　可他终究未曾再娶。

　　不同于那些将悲凉倾注于悼亡诗的文人，他从未将深情诉诸笔端，只是无言地锁住了心门，而后独身一人，走过了余生三十载的时光。

　　而王维此后的经历，亦印证了他并非无意功名，只是几度起落，无论是落寞失意还是春风得意，那些情绪都不会被他明晃晃地写进诗文中。

　　开元二十三年（公元735年），王维终于结束了长达十年的隐居游历生活。在两年之前，张九龄官拜宰相。他一向任人唯贤，在他的提携下，王维再度入仕，出任右拾遗。

　　可惜，在王维入仕后不久，刚直的张九龄便被口蜜腹剑的李林甫取而代之。开元年间的盛世光景，终究只剩余晖，而王维，也依然没能够青霄直上，施展心底的政治抱负。

开元二十五年（公元737年），王维被李林甫排挤，前往边疆慰问将士。途中目睹戈壁绝景，黄沙漫天，他有感而发，挥毫写下了著名的《使至塞上》。

> 单车欲问边，属国过居延。
> 征蓬出汉塞，归雁入胡天。
> 大漠孤烟直，长河落日圆。
> 萧关逢候骑，都护在燕然。

不同于往日的平和，在这首诗中，他罕见地展露出了一点苦闷。纵使谋得了一官半职，可此身却不是仍同飘蓬一般吗？志向难酬，前路未卜，他四顾所见，唯有一片苍茫。

在那个瞬间，他困惑吗？这么多年过去了，当初在岐王府的酒宴上博得满堂彩的情形，遥远得仿佛已是前生。如今的长安浮云蔽日，他昔日的理想和希望皆如水月镜花，随着盛世的远去变得支离破碎。

所幸还有世间美景以作慰藉，这是他最后的心灵港湾。大漠孤烟、长河落日、空山新雨、春涧桂花，他信手摘得，将它们盛放在一首首五言之中。

此后几年内，王维的旧时老友张九龄、孟浩然相继离世，母亲也溘然长辞。相熟相知之人与日俱减，王维也变得愈发安静。他的官职从正八品的右拾遗稳步擢升至正五品的给事中，虽不显赫，却也称得上安稳。

王维那些充满禅意的山水诗，大多创作于这个时期。

> 独坐幽篁里，弹琴复长啸。

王维

深林人不知，明月来相照。
——《竹里馆》

空山新雨后，天气晚来秋。
明月松间照，清泉石上流。
竹喧归浣女，莲动下渔舟。
随意春芳歇，王孙自可留。
——《山居秋暝》

山中景致，教人心神宁和。只是这样的宁静，终究被战争的号角声打破了。

天宝十四载（公元755年），安禄山叛乱。"渔阳鼙鼓动地来，惊破霓裳羽衣曲"，唐玄宗仓皇西逃，而王维却逃脱不及，在长安城陷落后，被叛军俘虏。他本想装病躲过一劫，却因诗名太盛，被安禄山点名关照，从长安押至洛阳，被拘禁在菩提寺中，并被强迫授以伪官职位。这件事成了他洗刷不掉的人生污点。

安史之乱平定后，王维本将因投靠叛军而被下狱处死，可他的弟弟王缙平叛有功，请求削籍为兄赎罪，肃宗又读到了他被俘时所作的那首万分沉痛的《凝碧池》，这才宽宥了他，只作降职处理。

万户伤心生野烟，百僚何日更朝天？
秋槐叶落空宫里，凝碧池头奏管弦。

玄宗酷爱音律，曾选坐部伎子弟三百，教于梨园。安史之乱时，玄宗仓促逃去蜀地，梨园子弟大多被弃置于京城。后安禄山在洛阳凝碧池宴饮庆祝，逼所俘梨园子弟为其歌舞。乐师雷海青拒绝后，以琵琶击贼，当即被斩于戏马殿，以身殉国。

王维的这首《凝碧池》，便是听闻雷海青事迹后有感而作。

亦有人言：雷海青身为一介乐师，尚能殉国，王维被俘后，怎就不能自杀以保全名节呢？

彼时王维的心态，或许能够以他早年的一首《息夫人》做诠释。

莫以今时宠，能忘旧日恩。

看花满眼泪，不共楚王言。

春秋时，楚王灭息国，将息君之妻息夫人据为己有。楚宫深深，息夫人虽为楚王生儿育女，却始终不同他说一句话。面对他的质问，她最终答道："吾一妇人而事二夫，纵弗能死，其又奚言！"

王维作这首诗，本意在于讽刺玄宗的哥哥宁王强占卖饼人之妻。可恐怕王维自己多年后再读，也会觉得字字句句都仿佛在写他本人。

从少时鲜花着锦、烈火烹油，到日后起起落落、宦海沉浮，他这一生，起点便已是巅峰，此后命运之手翻云覆雨，不论他如何努力，却再也望不见年少时走的那条光明坦途。

这些年的诸般磋磨，他皆已挨了过来，这一回也不过如从前那般，他只是想要在这无常世间寻找一处喘息的空隙罢了。

安史之乱结束后，洗清了叛国冤屈的王维继续在朝堂为官。只是这一年，他已年近六十，加之战乱磋磨，他身心俱疲，无心打理政事，大多时间，都居住在辋川别业，如闲云野鹤，隐逸修禅。

王维

  回首往事，这一生起伏跌宕，他见证过盛世华景，也亲历了战乱流离。如今故人大多离去，尚且活着的亲友不过寥寥，他不由郁郁写道："一生几许伤心事，不向空门何处销？"

  这一世颠沛流离，那些怨憎会、爱别离、求不得，终究只能寄托于佛经。

  上元二年（公元761年），六十一岁的王维终是向皇帝递交了辞呈。他自知大限将至，于是自请削去官职，只求皇帝能将他的弟弟王缙调回京师，让他们兄弟二人生前得见最后一面。

  皇帝感其心意，批准了这封《责躬荐弟表》。可惜王维并未等到弟弟回京，便溘然长逝。临终时他仍作书向亲友辞别，完成后，便安然离世。

  千帆过尽，说到底，不过孑然一身来，又孑然一身去。

  回溯王维这一生，或许佛系不过是别无选择，豁达也不过是将苦难看开。在他淡泊的外表之下，隐藏的是对无常世事的无可奈何。

  其实他偶尔也曾袒露过内心的愤愤不平。在《酌酒与裴迪》一诗中，"白首相知犹按剑，朱门先达笑弹冠"两句揭露了多少人情虚伪、世态炎凉，他的积郁愤懑不过是隐而不发。

  可在这首诗的最后，他又回归了平素的宁和："世事浮云何足问？不如高卧且加餐。"

  他终究还是那个佛系的王维。

澹泊明志也好，消极避世也罢，在那个变化无常的时代，这样的佛系，亦不失为一种人生选择。他这一生中遭遇的艰难险阻，大多无可避免，也无从化解，既然如此，以一种豁达的姿态迎接命运，也是给自己留一分体面。

"如秋水芙蕖，倚风自笑。"这句话评价的是王维的诗，可又何尝不是他风骨的写照？

隔着千百年的时光回望，我们看到他将一生的失意与痛苦掩下，只是拈花微笑，于是尘尽光生，他便成了"诗佛"。

文/心/诗/语
王维的禅意诗笺

辛夷坞

木末芙蓉花，山中发红萼。
涧户寂无人，纷纷开且落。

这首诗写于安史之乱前。

朝廷上，王维与张九龄政见相合，但此时，张九龄被罢相，李林甫上台。王维不满李林甫的统治，又无可奈何。他在长安附近终南山的辋川盖了一座房子，过着亦仕亦隐的生活。

在这首《辛夷坞》中，王维以禅心观世界，在这空寂的无人之境中，芙蓉花的生命仍在闪烁。

意译

枝条顶端的芙蓉花，绽放出鲜红的花萼。涧口空寂无人，芙蓉花自开自落。

酌酒与裴迪

酌酒与君君自宽,人情翻覆似波澜。
白首相知犹按剑,朱门先达笑弹冠。
草色全经细雨湿,花枝欲动春风寒。
世事浮云何足问,不如高卧且加餐。

王维这一生,是佛系的一生,但这首诗别有一番"愤愤不平"的意味。这是安史之乱后,王维隐居于辋川时,劝慰友人裴迪写下的诗。

这首诗看似在劝友人,实则字字都在写自己。

所谓佛系,并不是对这个世界漠不关心。面对世间不平,"高卧且加餐"也是一种选择。

意译

为你斟酒,劝你宽慰。人与人之间的关系就像波涛一样反复无常。

一生知己仍会反目成仇,需要按剑提防。对上位者抱有期待只会引来对方的嘲笑。

草色青青,被细雨打湿;花枝欲展,却遇上料峭春寒。

世间万事如浮云过眼,不值一提。不如高卧于山林,给自己加加餐。

王维

秋夜独坐

独坐悲双鬓，　空堂欲二更。
雨中山果落，　灯下草虫鸣。
白发终难变，　黄金不可成。
欲知除老病，　唯有学无生。

一个人于深秋之夜独坐，会想些什么呢？

王维的答案是"修禅"。

万物有生必有灭，与宇宙四季相比，人的存在何其短暂。面对人世间的种种痛苦，王维选择了修行。

意译

双鬓斑白的我独自坐于空荡荡的厅堂，直到天将二更。

细雨中听到山间果落，灯光下的草虫纷纷啼鸣。

时光不会倒流，白发终究难以变回黑发，也没人能真的炼成黄金。

人生之苦，在于生老病死。唯有修心礼佛，才能摆脱人生困扰。

弃弃浃

拼尽全力，方可不悔

文 清秋桂子

辛弃疾

在这个世界上，不如人意事十常有八九，人生的底色似乎总是覆着一层遗憾，纵使梦想再鲜艳，现实的风霜往往会将那些绮丽的梦割裂得支离破碎。

可总有人的信念扎根在梦想当中，用无尽的生机去点亮人生中的昏暗，至死不灭。

辛弃疾便是这样的人。

当他以震古烁今的文辞站在南宋豪放词之巅留名青史时，人们险些忘了，这位一代词宗的本色是一名武将。

在那山河破碎的乱世里，他何曾不想力挽狂澜，洗尽胡沙，了却天下事？但那样的宏愿，在命运的裹挟之下终究不过是一场大梦。

世事如梦，可梦中英雄的长剑不朽。

少年鞍马尘

许多年后，垂垂老矣的辛弃疾听人慷慨激昂地谈论功名时，蓦然想到了自己少年时的样子。

"壮岁旌旗拥万夫，锦襜突骑渡江初。燕兵夜娖银胡䩮，汉箭朝飞金仆姑。"

年少时他举旗而战，拥千军万马，锦衣横渡江南，箭雨飞矢中，疾如雷电地闯入敌营，是何等意气风发、豪情满怀啊！可那样的时光，已燃烧殆尽，再无可追了。

如今的他，满鬓苍白，唯有在田垄间，自嘲地叹道："却将万字平戎策，换得东家种树书。"

他闭上眼，仿佛那几十年的慷慨激昂都在这声叹息里慢慢归于平静。

可是昔年燃烧得滚烫的刚勇热血，如何能在这岑寂幽暗的长夜里黯淡下去？

他终究难以忘怀。

与词坛众多宗师圣手不同，辛弃疾是真真切切横槊于沙场、横刀立马杀过敌的。最初他并没有想要成为一个词人，他的初心是成为一名统率千军、杀敌报国的武将，而且他原本是有这个机会的。

辛弃疾出生于一片破碎的土地上。

那时金兵的铁骑踏破了北宋的疆土，北方国土沦陷。辛弃疾自幼在祖父的教导下习文练武，报国雪耻的种子在心间生了根，最终长出了茁壮的枝丫。

绍兴三十一年（公元1161年），金国举大军南下，意图百日灭宋。保卫家国的意气在血液里沸腾，这个二十一岁的年轻人举旗而起，义无反顾地召集两千人马加入抗金义军。

年轻人总是拥有过人的胆魄，他以文韬武略，在义军中大展身手。他曾单枪匹马追杀叛徒，三日内将叛变者的头颅斩于马下，回军复命；他也曾在义军面临金军打压的情况下，谋求长远之计，南下与宋廷联络，使得义军被收编为南宋正规军。

当辛弃疾顺利北归之际，却于途中惊闻义军首领耿京被手下叛徒张

安国杀死。他如何压得住一腔怒意？年轻气盛的他领了五十人，不顾此去诸般凶险，闯入由五万重兵镇守的金营，活捉叛徒张安国，押送回朝。

此行震惊南宋朝野，无数宋人为之慨然。

彼时年少意气，一腔孤胆与热血，有的是勇往直前的豪迈。可辛弃疾不知，在那样灿烂的峥嵘岁月之后，他迎来的是宦海沉浮里无尽的磋磨。

漫漫南归路

满怀着一腔报国热血的辛弃疾以为回到故国，便能一展才华，为国效力。没想到，南宋朝廷并不在意他这个南归的孤胆英雄。

高宗赵构无意主动与金国发生冲突，主战的高官大将都遭受冷落，更何况他这个自北方金国统治区而来、遭人猜忌的"归正人"呢。辛弃疾被打发到江阴当了一个小小的签判，他满心的热忱和志向就这样落了空。

但青年的锐意怎会就此被浇灭，他绝不甘心自己这身在鲜血和烈火中淬炼而出的本领毫无用武之地。

随着新帝赵昚即位，朝廷终于有了收复失地之意。辛弃疾在时局的变化里看到了曙光，于是一次又一次上陈光复之策。那洋洋洒洒的策论，字字珠玑，皆出肺腑。

他是那样豪气和自信，他放言道，若用他的计策而不胜，他情愿一死以谢天下。但他不过是一个无足轻重的闲散小官,他所捧出的这颗赤胆忠心,换来的只是朝廷淡漠一瞥,再无下文。

朝廷听不进他那些独到精辟的形势分析,也不愿理会他长算远略的建议。他在无人在意的角落里,眼见朝堂局势起落,眼见北伐进攻失败,他的那些壮志豪言似乎成了刺耳的笑话。

他心口的热血在一次次微末职位的迁转中,硬生生被催成了一声声沉重的叹息。

"倦客新丰,貂裘敝,征尘满目。弹短铗,青蛇三尺,浩歌谁续?不念英雄江左老,用之可以尊中国。叹诗书万卷致君人,番沉陆。"他感叹满怀才华无人赏识,他感叹战袍染尘英雄寂寞,他感叹有志无时不甘沉寂,他的叹息声垂落于纸上,像炸开了的惊雷。

他运笔为刀,用烁烁寒光划破了词坛的苍穹:

我来吊古,上危楼、赢得闲愁千斛。虎踞龙蟠何处是,只有兴亡满目。柳外斜阳,水边归鸟,陇上吹乔木。片帆西去,一声谁喷霜竹。

却忆安石风流,东山岁晚,泪落哀筝曲。儿辈功名都付与,长日惟消棋局。宝镜难寻,碧云将暮,谁劝杯中绿。江头风怒,朝来波浪翻屋。

他的豪情悲慨化为破浪而起的金鳞,震响了这满目疮痍的词坛,却震不醒沉溺在歌舞升平中的南宋当权者。

那年元夕,辛弃疾站在街头,看着灯火通明、车水马龙的街市。绚烂的灯光将黑夜点亮,满城的夜风里飘浮着盈盈暗香,人们沉醉在这片璀璨繁华的光景当中,似乎无人再想起已经沦陷的北方故土。

辛弃疾

东风夜放花千树,更吹落,星如雨。宝马雕车香满路。凤箫声动,玉壶光转,一夜鱼龙舞。

这样流光溢彩、恍若盛世的景象怎能不让人迷恋?可这火树银花的铄亮景象,不是在他的家乡。他的家乡在黄河北边,在万户野烟的荒芜中,在金人凶残的压迫下。

他孤独地站在黑暗里,眼中的失落让他与这阵阵喧嚣格格不入。他抬起头,试图穿过熙熙攘攘的人群去追寻那越来越遥远的故国。

蛾儿雪柳黄金缕,笑语盈盈暗香去。众里寻他千百度。蓦然回首,那人却在,灯火阑珊处。

他不断往前寻觅着,人潮的尽头片片光影飘忽而过。他在回首的刹那,看见了灯火阑珊处昔年意气风发、有着豪情壮志的自己。

他南归十年了,一路兜兜转转于闲碎的文职之间,一身卓绝的军事才能却无用武之地,槊枪生闲,铠甲蒙尘。功业难成的痛苦一寸寸地侵蚀着他的心魂,愁意染遍全身,他不过三十多岁,竟已觉出了几分无奈和沧桑。

辛弃疾是一柄钢刀,是一支利箭,他的锐意犹如新发于硎之刃,他对征战沙场的渴望从不曾消退,可他却空有一腔热血无处挥洒。

淳熙二年(公元1175年),朝廷终于想起了他这柄利刃,不过不是让他抗外敌,而是平内乱。当年四月,四百多名武装私贩茶商在湖北起义,声势浩大,将官军打得节节败退。

领命平叛的辛弃疾以雷霆铁腕,迅速在三个月内平定了茶商军。功绩之下,他的青云路总算随着他重见天日的槊枪逐渐开阔起来,他开始被频频调任多地的政要之职。

尽管他志不在此,可他仍竭尽所能地燃烧自己的能量。他执政严厉,不避权要,为息内乱,大力整治军中势力,为弭盗安民,着力抓民生教化,打击贪官豪强,又顶着重重压力,组建了一支兵强马壮、雄镇一方的"飞虎军"。

他怎会不知官场险恶,趋炎附势、奸狡诡谲者众多?他不断地被排挤、调任,不管在哪里,他总是待不长久。然而他骨子里的英雄之气是不会被扑灭的:"事有可为,杀身不顾!"

他就这样凭着一腔刚勇不屈,迎头撞上了那昏天暗地中的狂风暴雨。无数的流言蜚语伴随着攻讦朝他汹涌地扑来,在这一声高过一声的诽谤中,他终是被这朝廷所抛弃。

在这条南渡之后的路上,他漂泊了太久太久。从二十九岁至四十二岁,十三年间,他被调换了十四次职位,最终换来的是被革职闲退的结果。

烈日秋霜,忠肝义胆,他是一味治世的猛药。朝廷咽不下他的辛辣滋味,如此,那便归去吧。

淳熙八年(公元1181年)底,他转身离去,迎来了近二十年的闲退时光。

照我满怀冰雪

昔年辛弃疾宦游于江西时,在信州看中了一处地方。这里湖水清澈,

山色如画,他有心在此安家,便买了块地,将此湖泊命名为"带湖"。他细心地做了规划,高处造屋,低处辟田,种柳栽花,开出竹扉小径。他称这处庄园为"稼轩",兴致勃勃地自称"稼轩居士"。

他每日在田间耕作,听乡邻谈论收成气候,看稚儿溪间卧剥莲蓬,听灯火门前笑语声,又见那漫天风露酿成了千顷稻花香。

他似乎真的闲下来了,远离了官场,他的心在乡间的桑麻与虫鸣里找到了安宁,连带着他的词也平添了几分闲适。

"明月别枝惊鹊,清风半夜鸣蝉。稻花香里说丰年,听取蛙声一片。"

"只消山水光中,无事过这一夏。午醉醒时,松窗竹户,万千潇洒。"

"连云松竹,万事从今足。挂杖东家分社肉,白酒床头初熟。"

他的词里处处可见农耕野趣,他仿佛成了一个自由自在的农夫,与松竹为友,与花鸟为伴。可他真的能如陶渊明"欢然酌春酒,摘我园中蔬"那样自在,或者学来苏轼"此心安处是吾乡"的洒脱吗?

他的心中,何曾忘却山河事?

平生塞北江南,归来华发苍颜。布被秋宵梦觉,眼前万里江山。

几十年的报国热忱怎能就此淡去?只是山河太重了,任他如何孤胆铁魄,把吴钩看了,栏杆拍遍,也难敌这险恶无常世事。

他心中滚烫的热意无处可去,只好被他安放在那片乡野里,压在淡泊冷静的外表之下。然而那不曾熄灭的烈火,让他始终无法同那些真正的隐士幽人一样坚卧烟霞。

他又何曾真的与外界隔绝呢?

与他意气相投者并不在少数,往来间,他不忘念及收复失地。他的笔尖浸染了清溪山月，但从不曾失过半分锐气。

渡江天马南来，几人真是经纶手？长安父老，新亭风景，可怜依旧。夷甫诸人，神州沉陆，几曾回首！算平戎万里，功名本是，真儒事，公知否？

他本就是这词坛之上的龙啊！龙不该被困于一隅，他生来就当引吭，当舒啸，当跃向这九天。

他这样的英雄，是不该孤鸣的。遨游于长空时，他遇到了知音陈亮。

陈亮和辛弃疾极为相似。他为人才气超迈，喜谈兵，常以虏仇未雪为国之大耻。他曾以布衣之身连续上书皇帝，慷慨陈词，建言献策，将江南官僚骂了个遍。

辛弃疾与他在临安相识，交谈之下一见如故。往后几年，他们因各自不同的人生境况辗转奔波，无缘再会。辛弃疾闲居信州几年后，陈亮千里跋涉赶来赴约。挚友到来让尚在病中的辛弃疾一扫晦暗的心情，振奋不已。那夜楼头飞雪，西窗明月高悬，他们对雪煮酒，高歌畅饮，谈抗金杀敌，谈时局利弊，一抒胸中经年不改的慷慨壮气。

然而他们的雄心壮志，又有谁愿意听呢？与他们相伴的，唯有那片清冷的月色。高歌声中蕴含的意气和炽热情感飘在簌簌飞雪里，终是化成了一腔报国无门的悲愤。

他们已经老了，岁月不再，华发多添。但纵然无人问津，饱受冷落，英雄气概是从骨血里生出的，岂会从躯壳剥离？他们是至交，是这世上最了解彼此执念的人。

辛弃疾对好友的信念报以激昂高歌："我最怜君中宵舞，道男儿到

死心如铁。看试手,补天裂!"

前途多坎坷,他们恢复中原的志向却历久弥新。

他的一腔雄心意气,一如他在为陈亮所写的那首名垂千古的《破阵子》中生发的。

醉里挑灯看剑,梦回吹角连营。八百里分麾下炙,五十弦翻塞外声,沙场秋点兵。

马作的卢飞快,弓如霹雳弦惊。了却君王天下事,赢得生前身后名,可怜白发生!

多年的闲居,换来的是英雄虚老、壮士暮年,但理想的火种仍在等待着被风吹起,吹出燎原之势。

红日西沉,白浪长东去

那阵燃起希望的东风,真的吹起来了。

嘉泰三年(公元1203年),在几轮人事变动后,南宋朝廷终于再次有了北伐的意图,一纸任书召辛弃疾为浙东安抚使。

只是这希望的曙光底下,却不是收复河山的宏图,所藏的不过是权党韩侂胄等人为稳定权势借北伐立威的私心罢了。

辛弃疾岂能看不透朝堂之上野心勃勃的斗争?可他已经六十四岁了,这封北伐诏书他等了整整四十年。

他的壮心仍在,气概未磨,这或许不是最好的北伐机会,却是他余生仅能抓住的机会了。

他扬起了宝剑,毫不犹豫地接过了朝廷的橄榄枝。且去,迎这乱云急雨,整顿乾坤!

然而这一次,命运汹涌的涛浪依旧未给这个壮心不改的暮年英雄留下半分情面。

他不遗余力地定谋策,整军事,但在狂妄的韩侂胄之流眼中,北伐不过唾手可得的功业,他们要的只是辛弃疾这块抗金元老的招牌罢了,根本听不进去他的筹谋规划。

过往屡遭排挤的悲剧再一次上演,他被排除在北伐计划之外,又成了一枚弃子,被遣出临安,调任镇江知府。

在萧瑟的风中他登上了北固亭,希望破灭后的巨大悲哀在一瞬间笼罩住他,于是他落下了震荡这山河天际的金石之声:

千古江山,英雄无觅孙仲谋处。舞榭歌台,风流总被雨打风吹去。斜阳草树,寻常巷陌,人道寄奴曾住。想当年,金戈铁马,气吞万里如虎。

元嘉草草,封狼居胥,赢得仓皇北顾。四十三年,望中犹记,烽火扬州路。可堪回首,佛狸祠下,一片神鸦社鼓。凭谁问:廉颇老矣,尚能饭否?

那是他竭力从心底激荡出的呐喊声,他不断地呐喊着,试要撼动这冥顽的朝廷,最终迎来的却只有谏官的攻击和一纸罢免文书。

他终是没有冲破这江浪之上的打头风,那欲冲天而起的气势,在重重阻碍下,再无迸发的机会。

开禧二年(公元 1206 年),南宋向金国开战。一切如辛弃疾所料,

宋军很快溃不成军,草草收场。

当无计可施的朝廷再度想起他这位老臣时,为时已晚,重病在床的辛弃疾再也无法起身接受那纸任书。几十年的颠沛流离,悲痛郁苦化作了沉沉的病气,压得他动弹不得。他挣扎着,想要用尽全力去握住他追求了多年的梦想,可他的双手竟是连抬起来都做不到了。

失神间,他仿佛看见了那轮他打捞了一生的月亮,碎开在无垠的海面上,一刹那,乍起的金光掠过他的双眸。

他的耳畔忽地传来了阵阵刀剑撞击声,猎猎旌旗下,铠甲在千军之中熠熠生辉,少年朝着无尽的战场奔去。

滚滚风沙背后,是江头恶浪中的晦风浊雨,是目断关河路绝的悲怆,是浮云来去,枉了冲冠发,是千丈擎天手、万卷悬河口,换了君恩重,教且种芙蓉。

少年卸了刀剑,褪去铠甲,被那惨淡的世事扼住了凌云志。可他血里激荡的炽热终是将笔化了刀,用那破空斩云的清光,铸成了奔流不息的浩荡百川。

风云开合之际,他似又看见了少年的身影奔向那片金戈铁马。

开禧三年(公元1207年)秋,南宋失去了辛弃疾,这大宋终归辜负了那个热忱的少年。

无论荣辱悲喜,都将被历史的风沙席卷而逝。

但有些光芒是不会熄灭的。许多年后,当他那些浓烈的词句呈于纸上,无数后人都会记得那个热忱真切的少年。

几百年后,词评家陈廷焯在《云韶集》中说:"词至稼轩,纵横博大,痛快淋漓,风雨纷飞,鱼龙百变,真词坛飞将军也。"

那肃杀的悲凉成就的是词坛传奇。

那不曾消减的少年意气历经千百年,仍会在课本书页上烫到年少的学子。在豪迈词句的背后,辛弃疾的人生经历却在告诉这些年轻的灵魂,莫去追究人生的意义,用最纯粹的赤诚走过这有时荒诞的命运吧,披坚执锐的信念终会不朽。

辛弃疾

文/心/诗/语
WENXINSHIYU

辛弃疾的热血词

贺新郎·同父见和再用韵答之

老大那堪说。似而今、元龙臭味,孟公瓜葛。我病君来高歌饮,惊散楼头飞雪。笑富贵千钧如发。硬语盘空谁来听?记当时、只有西窗月。重进酒,换鸣瑟。

事无两样人心别。问渠侬:神州毕竟,几番离合?汗血盐车无人顾,千里空收骏骨。正目断关河路绝。我最怜君中宵舞,道"男儿到死心如铁"。看试手,补天裂。

辛弃疾从二十三岁南归后,一直不受朝廷重视。二十六岁时,他上《美芹十论》,提出抗金策略,又不被采纳。比起上阵杀敌,皇帝更欣赏他在诗词上的才华,御笔一挥,将武将判做文臣。宋孝宗淳熙十五年(公元1188年)冬天,陈亮自浙江东阳来江西上饶北郊带湖拜访辛弃疾。与辛弃疾一样,陈亮也出生于抗金世家,曾祖父死于抗金的战争中,他本人也反对议和,力主抗金。相似的成长经历,让他跟辛弃疾极为契合。两人纵谈抗金复国、天下大事,相谈甚欢。别离后,两人意犹未尽,互寄诗词唱和。这首词便是别离后,辛弃疾回忆两人相会时的情景写下的。

意译

我本已老大无成,不该多话。

如今碰到了臭味相投的你,忍不住话又多了起来。我生病时你来了,我们高歌痛饮,惊散了楼头上飞雪的寒意。

我们笑世间人将功名利禄看得如千钧般重,这些对我们来说却不值一提。

可是谁又会听我们对时局的分析和见解呢?只有西窗明月罢了。

我们一遍又一遍地斟着酒,换着琴瑟音乐。

局势依然如故,人心却不同以往。

我问你:神州大地,究竟还要被金人主宰多久?

汗血良马拖着笨重的盐车,无人在意,朝廷却要去千里之外重金收买骏马的骸骨。

极目远眺,边关阻塞,山河断绝。

我向来敬重你闻鸡起舞的抗金情怀。你曾说:男儿至死不改抗金之志。我等着你大显身手,补神州裂痕。

破阵子·为陈同甫赋壮词以寄之

辛弃疾

醉里挑灯看剑,梦回吹角连营。八百里分麾下炙,五十弦翻塞外声,沙场秋点兵。

马作的卢飞快,弓如霹雳弦惊。了却君王天下事,赢得生前身后名,可怜白发生!

与陈亮分别后,辛弃疾再次想起了自己心中的报国理想。无数次挑灯看剑,无数次午夜梦回,梦中响彻的是上阵杀敌的呐喊。何日才能横戈跃马?何日才能收复北方?哪怕命运无情嘲弄,哪怕无人理解,辛弃疾的热血永远沸腾不息。

意译

醉里挑亮油灯观摩宝剑,梦中听到军营的号角声响成一片。和部下一起大块享用牛肉,听塞外胡弦奏起战歌。这是秋天在战场上阅兵的场景。

战马像刘备的的卢马那样跑得飞快,弓箭像惊雷一样震耳离弦。一心想收复失地,报君为国,博得生前身后的美名。可惜壮志难酬,白发已生!

贺新郎·甚矣吾衰矣

甚矣吾衰矣。怅平生、交游零落,只今余几!白发空垂三千丈,一笑人间万事。问何物、能令公喜?我见青山多妩媚,料青山见我应如是。情与貌,略相似。

一尊搔首东窗里。想渊明、停云诗就,此时风味。江左沈酣求名者,岂识浊醪妙理?回首叫、云飞风起。不恨古人吾不见,恨古人、不见吾狂耳。知我者,二三子。

此词作于宋宁宗庆元四年(公元1198年)左右。当时辛弃疾再次被罢免后,闲居于信州铅山已经四年。他总以为自己会有上阵杀敌的机会,故而热血不敢凉,却不料命运不饶人。南归后几经上任,几经罢免,失意中竟也过了大半生。不理解他的大有人在,但他一直是那个将笔尖凝成刀锋的疏狂的辛弃疾。

意译

我已经很衰老了。曾经一同出游的朋友零落四方,如今还剩下多少?白发已生,壮志未酬,只好一笑了之。这世上还有什么能令我真正感到快乐呢?我见青山妩媚多姿,料想青山见我应也是一样。我们的心情和外表,都非常相似。

把酒一樽,在窗前自吟,怡然自得。想当年陶渊明写《停云》时,

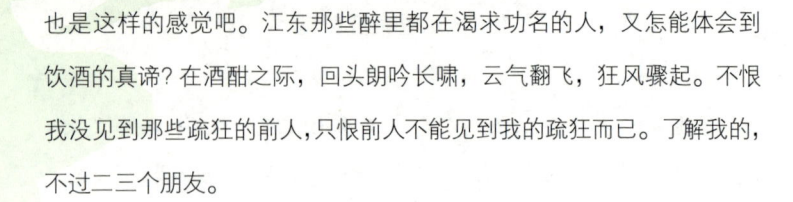

也是这样的感觉吧。江东那些醉里都在渴求功名的人，又怎能体会到饮酒的真谛？在酒酣之际，回头朗吟长啸，云气翻飞，狂风骤起。不恨我没见到那些疏狂的前人，只恨前人不能见到我的疏狂而已。了解我的，不过二三个朋友。

暑殇

莫踌躇,最好的生活就在眼前

文 顾闪闪

晏
殊

"农夫觉得皇帝都用金锄头锄地"的桥段，在中国古代还真上演过。北宋时期，有一个名叫李庆孙的读书人，就闹过这样的笑话。

李庆孙这个人文章写得很好，科举也考得不赖，但他有个喜欢炫富的毛病，生怕别人不知道自己兜里有几个钱。为此他还专门写了一首《富贵曲》，里面有这么两句："轴装曲谱金书字，树记花名玉篆牌。"

这句话大意是："我家里的曲谱都要用卷轴来精装，上面的文字全用金笔描写，记名册也要装裱得无比正式，注意了哦，本顶级富人还给它搭配了玉篆刻的牌子！没见过吧？"

你别说，当时大部分人还真没见过，一看这两句诗里又是金，又是玉的，羡慕得眼睛都直了，纷纷竖起大拇指，感慨这是真有钱人。

但就在这句诗写成几十年后，一位词人坐在自家阁楼上，偶然读到了这句诗，不屑地嗤笑了一声，叹道："此乃乞儿相，未尝谙富贵者。"

要是换个人，早就被骂"好大的口气"了，唯独这位词人说出这句话，没人敢反驳，因为他就是北宋时期著名的"富贵宰相"晏殊。

既然晏殊觉得李庆孙写的不是真富贵，那么如果让他来写富贵，他会怎么写呢？且看这首《浣溪沙》：

小阁重帘有燕过，晚花红片落庭莎。曲阑干影入凉波。

一霎好风生翠幕，几回疏雨滴圆荷。酒醒人散得愁多。

这首词流露出淡淡愁绪，然而依旧盖不住晏殊"风流闲雅"的词作风格，以及词中不言自明的富贵气象。

和李庆孙不同的是，在这首词中，你找不到一个和"金玉"沾边的字眼，词人只是写了一个平常的傍晚他在自家宅院中的所见所感。

但整首词看下来，你会恍然惊觉，什么样的人家抬眼便能看见楼阁翠幕、阑干碧波？什么样的家庭条件，才能在院子里观花赏荷，见燕子在帘间飞掠而过？又是什么样的人，才能将这些景致淡淡地望在眼里，心中尽是从容不迫的闲情，而不是像刘姥姥进大观园一样，瞪着眼睛痴迷地看个不停？

比起献宝似的展示有什么，在晏殊的词中，我们看到更多的是一种习以为常的不以为意，因为他不缺这些东西。

你会对着自家的衣柜感慨万千吗？你会抱着自家的电风扇，为它讴歌一曲吗？晏殊身处富贵乡中，亭台楼阁再精巧绝伦，也不过是他万千思绪的背景板，他的目光停在更高远的地方。

比起物质上的富贵，晏殊精神上的富贵，显然更加令人难以企及。

相比之下，李庆孙的《富贵曲》当然就上不了台面了。

晏殊为什么能过上这么有钱又有闲的生活呢？

和其他靠门荫爬上来的高官不一样，晏殊的家世不算好，父亲晏固只是抚州的一名小小衙役。他能当上宰相，全靠自己长了个好脑子。

史载，晏殊五岁作诗，七岁写文章，十五岁跟一千多名各个年龄段的考生一同参加殿试，一点都不怯场。在那次考试中，晏殊被宋真宗赐同进士出身，成了北宋初期文官集团中最年轻的一位。

世间神童的结局大多是"小时了了，大未必佳"，但晏殊却一路高奏凯歌,从秘书省正字频繁升迁,一直做到了宰相。北宋是重文轻武、高薪养廉的时代,晏殊又当着朝中最大的官,拿着国库开的高工资,日子滋润,无比坦荡,欧阳修评价他"富贵优游五十年",所言非虚。

不过,在暴富之前,晏殊也不是没穷过。

晏殊二十多岁的时候,还没有当上太大的官。当时京中宴饮之风盛行,他的同事们不是在家觥筹交错,就是在酒楼夜夜笙歌,与此同时,家境贫寒的晏殊却在和兄弟们闭门读书。要是个嫉妒心强的人,早就恨得在家里挠墙了,挠完还要在社交平台上酸两句:"宴饮是俗人搞的东西,我们这种事业型人才都是一心扑在学习上。"可晏殊的心里还真没这么多弯弯绕绕。

当时,宋真宗为太子赵祯选讲课老师,就拿上面这事同他求证,还夸他谨慎忠厚,是辅佐太子的上上人选。明眼人都看得出,皇上这是把橄榄枝抛到晏殊的面前了,只要他点点头,这个美差就是他的了。

可晏殊却回答道:"哦,您说那件事啊?您误会了,臣并非不喜欢宴饮游玩,事实上臣超爱的,就是囊中羞涩,家里实在没钱,否则臣玩起来比他们还要起劲。"

多么耿直,多么坦荡,多么率真不做作!宋真宗哪招架得住?于是到头来,这个皇室特级教师到底还是让晏殊当上了。

问题来了:仕途这么顺利的晏殊,捅没捅过大娄子呢?答案是肯定的。事实上,回顾晏殊的一生,他犯下的"错"一件比一件刺激,当时最不好惹的两个人——人称"大宋武则天"的太后刘娥和他的"顶头上司"宋仁宗都被他得罪过,他也曾因此两次被贬。

不过晏殊的运气很好,解决问题的能力又很强。被刘娥贬的时候,他大力扶持应天府书院,提拔了范仲淹、欧阳修、王安石、富弼等一大批未来的朝廷顶梁柱;被宋仁宗贬到地方后,他又很快凭自己的能力被调回中枢,针对平定西夏之乱提出了实用战略,打了个漂亮的翻身仗。这些风波最终成了他美满人生路上的小插曲,并没有将他拉进泥潭。

晏殊的好运气并不仅仅体现在仕途顺利上,还体现在他深厚的文学造诣上。文学史上历来有"诗穷而后工"的说法:杜甫半生流离,于乱世中写成"诗史";李煜国破家亡,成为一代词宗;就连天才苏轼,最精彩的作品也集中产生于他被贬的那些年……

可晏殊不一样,他没有这类凄惨的经历。

晏殊不像上面那些人那样,靠生活带来的切肤之痛,积累丰富的写作素材和深刻的人生体悟,但他会向内观照,再平凡的事物经过他的内心折射后,都会焕发出珠玉一般温润秀洁的光华。

这一点体现在他为官做宰的人生观上,也体现在他创作的诗词作品中,他的词集就叫《珠玉集》。

晏殊有一点特别了不起,我敢说现在世界上九成九的人都做不到。

晏殊的词以婉约精巧著称,这就注定了他是一个情感极度敏感细腻的人。这样的人在文人中不少,他们有着一般人难以企及的感知力和共情能力,也就是所谓的"言未出,结局已演千百遍;事已毕,过往仍在脑中演"。但这样纤细的神经,往往会害了他们自己,也就是现在大家常说的,会让他们陷入"精神内耗"。

一般来说,这种人不擅长和其他人打交道——至少他们自己是这么认为的。如果他们去当官,去和那些长袖善舞、城府深沉的家伙当同事,打太极,他们怕是要焦虑得整宿睡不着觉。

但晏殊不一样,作为大宋朝堂上最大的官,他永不内耗。

晏殊曾经写过一本小书,叫作《解厄学》,全书篇幅很短,只有七百八十一个字,却把在凡尘间安身立命的哲学讲了个通透。

什么叫"解厄"呢?字面意思,就是教你一些解决度过困厄的方法。从书名就可以看出,内心纤细敏感的晏殊其实是个相当积极的人,他的思想非常达观,在他的眼中,天大的事都有办法迎刃而解,遇山修路,遇水架桥,只要态度在,方法总比困难多。

用他自己的话说,就是"驭情为先,而后可驭人生",只要调整好内心纷繁多变的情感世界,就可以掌控自己的人生。

这一点在他的另一首《浣溪沙》中,很好地体现出来。

一曲新词酒一杯,去年天气旧亭台。夕阳西下几时回?

无可奈何花落去,似曾相识燕归来。小园香径独徘徊。

傍晚的落日余晖中,晏殊独自走在落花小径上。这个场景如此闲适美好,可他的眉间却萦绕着一团愁绪。他携着一杯酒,一首新词自然而然地被他吟诵而出。酒是刚刚斟满的,词是新作的,可他却被与去年相似的天气和静伫的"旧亭台"困在了一个过去的时间点。

这个时间点上有什么呢?晏殊没明说,可能是他怀念的人或事物,也可能是那个更年轻的自己。

渐渐落山的夕阳昭示着时间还在继续流逝，晏殊离他怀念的已然逝去的事物又远了一步。他叹道："夕阳西下后，究竟什么时候才能回来？"

下一句，晏殊把伤逝之感写到了极致。"无可奈何花落去"，这世间流逝的一切就像落花一样啊，再怎么不舍，难道能让零落成泥的花瓣重新长回枝头？这是不可能的。

从古至今，写落花的词人有很多，晏殊之所以了不起，便在于这下一句"似曾相识燕归来"。虽然花已经落尽了，但你抬起头便会发现，一只与去年相似的燕子正飞回这里。它不一定是去年的那一只，但它却带回了新的希望，让人感受到，人生除了无情的时间流逝，还有像四季轮转一样的自然循环。或许在某个瞬间，你失去的一切又会以意想不到的方式与你邂逅。

所以你可以徘徊，但请不要绝望。

晏殊的心中不是没有悲哀，但他绝不允许自己沉溺于悲哀，更不会任由悲哀摧垮自己。相反，他总是站在旁观者的角度，带着冷静的目光审视悲哀，在它铺天盖地之前便将它收拾干净，让它如星辰归于宇宙，如滴水归于瀚海。

面对内心深处千回百转，又看不见、摸不着的消沉情绪，晏殊采取了一种相当温和且有效的方式对抗，他的武器叫作"理性"。

叶嘉莹老师说过："晏殊的词中既有诗人的感发，又有理性的反省节制，而且还隐然有一种处理安排的办法。"

如果没有天生的"钝感力",也没有李白那种睥睨一切的自信,那不妨读读晏殊的词,用"晏式心态"给消极情绪找个出口,用理性来为生命中的悲哀做注脚。

都喜欢写物是人非,晏殊和李煜在遣词方面有相似之处,但二人的作品传达的情绪却截然不同,一个理性,一个纯情。

对于伤春,李煜会写"问君能有几多愁,恰似一江春水向东流",也会写"离恨恰如春草,更行更远还生"。

我们可以看出,李煜心中的"愁"和"恨"是无穷无尽的,因为他本人承受的家国之悲实在是过于沉重了——身为一国之君,先是被夺去国号,亡国后还被抓去囚禁,受尽屈辱。

正因为他经历过这些,他的愁苦就像一江春水一样,滔滔不尽,昼夜不止。

但这种泛滥的悲伤,对于我们这些生活在和平年代的现代人,或对于"太平宰相"晏殊而言,就有些太"过"了。同样是"伤春"的离愁别恨,晏殊是这样写的:

一向年光有限身,等闲离别易销魂,酒筵歌席莫辞频。

满目山河空念远,落花风雨更伤春,不如怜取眼前人。

好一个"不如怜取眼前人"!

这句话最早见于元稹的《会真记》,是莺莺写给张生的,原诗是:"弃置今何道,当时且自亲。还将旧时意,怜取眼前人。"

剧情我们都很熟悉了,张生始乱终弃,另攀高枝,莺莺也别嫁他人。在这之后,张生忽然又提出要见面,莺莺断然拒绝,回顾往昔后,不无伤怀地感慨道:"你都抛弃我了,又来找我做什么呢?当时的情谊,我就姑且自己珍惜吧。你不如用以往你对我的浓情蜜意,去怜惜你现在的眼前人吧!"抒发的完全是男女之情。

那么在晏殊的这首词中,这句话又表达了怎样的情感呢?

我们可以看到,晏殊开篇便写"一向年光有限身",这里写的当然是他自己,而非传统的"花间词"那样,拟妇人之口吻。晏殊虽然富贵已极,但时间对每个人都是公平的,人的生命也短暂而有限,难以靠自身意志更改。然而就是在这样匆匆的时光里,聚散离合却轮番上演,这怎能叫人不伤神销魂?

注意,这里晏殊写的离别是"等闲"离别。什么意思呢?就是说,它与李煜离开自己的国家的永别是不同的,它只是我们生命中最寻常的聚散,譬如大学毕业,关系很好的同班同学即将天各一方;譬如最好的上班"搭子"决定回老家,而你却仍在北漂大潮中挣扎……不过是这种类型的离别。

但这就不值得伤感了吗?当然不是的。事实上,李煜那种"大别离",是我们普通人一辈子都很难经历的,正是这些每年都在上演的"小别离",串联起了我们的现实生活,呈现了我们人生中无数个深情拥抱、夜半垂泪的瞬间。

前面我们讲过,在这种悲哀过后,晏殊都会"隐然有一种处理安排的办法"。那么对于这种生命中无法避免的离别,晏殊给出的办法是什么呢?答案就在下一句——"酒筵歌席莫辞频"。

我上学时读这一句,只当作是"歌宴爱好者"晏殊在鼓励大家用宴饮的快乐麻痹离别的伤情。可随着年岁一天天渐长,经历的离别越来越多,我发现,或许不是这样的。

大学毕业后,我背井离乡去往遥远的武汉工作。从孤身一人、什么都不会的应届生,到渐渐地结交了许多朋友,也可以独当一面,这期间我付出了许多努力,也经历了不少不足为人道的孤独辛酸。后来因为一些原因,我决定离开武汉返回家乡。在上飞机之前的几周,我做了一件事,那就是把亲密的、不亲密的,甚至很长时间没见的老朋友分别约出来,和他们吃饭。

那段时间,我的约饭就没断过,还去唱了几次"卡拉OK",真是"酒筵歌席莫辞频"。我不无遗憾地想:"如果之前多和他们出来聚聚就好了。"

吃顿饭真的这么重要吗?能阻止离别吗?答案无疑是否定的。我想做的不过是趁着还没分别,尽可能地延长与朋友的相处时光,再多看几眼,将那些没有好好珍惜过的人郑重地印在脑海中,留待日后相忆。

而让我依依不舍的,仅仅是这些友人吗?不,当然还有这么多年来和他们一起度过的时光。毕竟刚到武汉时我还是二十出头的实习生,离开时却已经二十七八岁了,最好、最年轻,也最冲动热烈的几年时光,在此之后再也不会有了。

也是在那一瞬间,我才蓦然懂得,为什么晏殊要在"等闲离别"之前,先写上"一向年光有限身",他又为什么劝我们说聚在一起喝酒聊天这种事永远都不要嫌多。

再来看后三句。

"满目山河空念远"和"落花风雨更伤春"中,注意一个"空"字。"空"这个字在英文中写作"blank",表意就是"空白的""单调的",但它在中国古诗词中的含义却不同,一旦提及"空"字,眼前的景致必然向无限延伸,就如同写意画中的留白一样。

王维写"空山新雨后",并不是说山上光秃秃的什么都没有,而是在传达一种远离尘嚣、幽静空灵的感受。"空"这个字在表达感情时,写的也绝不是无情,而是一种"徒劳无用却克制不住涌上来的感情"。

晏殊面对这满目山河,产生了一种大部分文人都会有的"登高临远"之感。远处是什么呢?结合上阕看,是朋友们别离后前往的彼方。晏殊满怀思念,登高远眺,但单靠看能把离人看回来吗?自然不可能,所以他才会说"空念远"。

罢了,那便不看了。晏殊收拾心情回到家中,可轩窗一开,窗外雨打风吹,落花如雪,望之也让人分外伤神。难道这股萦绕不去的悲哀就摆脱不了了吗?难道就注定要一直为这缠绕无端的情感拘束,在接下来的生命中徘徊不前了吗?

如果是李煜,或许会这样,但晏殊不会,他抛出了最后这句委婉动情而又掷地有声的话语:"不如怜取眼前人。"

说来也神奇,同样的字眼,写在晏殊的这首词里,便脱离了男女之情,发散成了离别之思、人生感悟。

晏殊告诉我们,人生的确充斥着无可奈何的别离,但却不只有别离，虽有一去不返的远行人，但也有此时近在咫尺的眼前人。在收藏好与离人的过往后，我们照样可以和新朋友把酒言欢，开启人生新的篇章。

毕竟，最珍贵的瞬间就是现在，最美好的生活就在眼前。还等什么呢？背上珍藏的过往，轻快地向前跑吧！

文心诗语

晏殊笔下的人间富贵

清平乐·金风细细

金风细细。叶叶梧桐坠。绿酒初尝人易醉。一枕小窗浓睡。
紫薇朱槿花残。斜阳却照阑干。双燕欲归时节,银屏昨夜微寒。

一生顺风顺水的晏殊,笔下尽是人间闲散富贵的气象。他用细腻的笔触,描摹了细细秋风、梧桐叶坠、紫薇朱槿、夕阳斜照等场景,千年后我们读来,依然能感受到词中富贵又带着淡淡忧愁的气息。

意译

秋风吹拂,梧桐叶飘落。初尝美酒,人有了醉意,便在小窗前卧睡酣眠。

紫薇花和朱槿花已凋落,只有夕阳斜照在楼阁的栏杆上。成双的燕子到了将要南归的季节,镶银的屏风昨夜已沾上了寒露。

蝶恋花·槛菊愁烟兰泣露

槛菊愁烟兰泣露,罗幕轻寒,燕子双飞去。明月不谙离恨苦,斜光到晓穿朱户。

昨夜西风凋碧树,独上高楼,望尽天涯路。欲寄彩笺兼尺素,山长水阔知何处?

在晏殊的笔下,没有壮志未酬,也没有落魄失意。他写亭台楼阁,写清风明月,写这些生活中极为普通的事物,却写得清雅极了,多一分过于油腻,少一分显得单薄,如此恰好。心浮气躁的时候适合读晏殊,看看他笔下的清雅人间。

意译

栏外的菊花笼罩着一层愁云惨雾,兰花沾露,好似在默默饮泣。罗幕低垂,空气微寒,燕子双双飞去。明月不懂离别之苦,一如往常地整夜照进窗户。

昨夜西风凋零了绿树。我独自登上高楼,望穿那条无涯的道路。想给我的心上人寄一封信,但山长水阔,不知道我思念的人究竟在何处。

清平乐·红笺小字

红笺小字,说尽平生意。鸿雁在云鱼在水,惆怅此情难寄。

斜阳独倚西楼,遥山恰对帘钩。人面不知何处,绿波依旧东流。

晏殊词的一大特质是克制至极。他深谙留白的精髓,哪怕是浓烈的爱恨离愁,也不会直接在词中点出,他只是将眼前的风景描摹给你,让那无处安放的闲愁自然而然地流露而出。

是离别之苦,还是因年华易逝悲伤?一切都需要你自己去体会。

千年过去,燕子每年南归,绿水依然东流,而晏殊,也似乎一直站在那儿。

意译

红笺上写满了小字,道尽了我的思绪。鸿雁高飞在云端,鱼儿在水中游来游去,我惆怅于满腹的情意难以传寄。

斜阳里,我独自一人倚着西楼,眺望远方。远方的群山恰好正对着窗上的帘钩。从前的那个人不知现在何处,唯有绿水依旧向东流去。

阮籍

焦虑是人生的常态

文 顾闪闪

上学的时候，读到魏晋文学史这部分，"竹林七贤"中，我最不喜欢的就是阮籍。

在当时我的眼中，这个文人拧巴得很。他既不像嵇康一样慷慨无畏，和黑暗势力正面对抗；又没能像刘伶那样放纵到底，扛着锄头，随死随埋；他甚至连选择了主动进入官场的山涛都比不上，人家至少还能在朝堂上发光发热呢。

阮籍呢？做人做得憋屈，写诗写得憋屈，就连喝酒都没办法像刘伶那般醉得畅快。

他表面上摆出一副隐士的做派，实际上还不是因为怕死，几次被迫出仕做官？说什么不与强权同流合污，到最后，不还是给司马氏写了《为郑冲劝晋王笺》这样的"劝进书"吗？

这样看来，阮籍除了颜值外，简直没有什么讨人喜欢的地方。

在进入社会，被生活从头到脚洗礼了一遍后，我又一次翻开了阮籍的咏怀诗。那一刻，我才真正明白，被多年前的回旋镖狠狠扎在自己身上是什么滋味。

不管是流芳千古的嵇康还是位列三公的山涛，都离我们太过遥远，唯有常怀焦虑、徘徊反顾的阮籍，才是我们这些普通人最真实的写照。

阮籍的出身很好，他的父亲阮瑀是"建安七子"之一，阮瑀的老师则是东汉末年的旷世大儒蔡邕。当年，曹操十分看重阮瑀的才华，为了逼他出仕，甚至不惜放火烧山。阮瑀做官之后，也受到了曹操

礼遇。

可惜的是，在阮籍三岁的时候，阮瑀便早早离世了，留下孤儿寡母，过着十分清贫的生活。

阮籍虽然家中贫穷，性格却相当孤傲，史书上记载他"容貌瑰杰，志气宏放，傲然独得"。阮籍从年轻起就又帅又有个性，再加上他弃儒崇道，十分讨厌儒家的那些条条框框，能和他玩到一起的人不多，爱弹《广陵散》的嵇康算是一个。

《世说新语》记载："（阮）籍又能为青白眼。"阮籍寡言少语，从不点评他人，但看见讨厌的人时，他就翻出白眼，看见喜欢的人，再将黑眼仁翻回来。

阮籍母亲去世后，嵇康的哥哥嵇喜前来吊孝。嵇喜是个醉心官场的人，与阮籍的脾气犯冲，阮籍看不上他，便赏了他一个大大的白眼。嵇喜自讨没趣，只得悻悻而归，回去后就向自家弟弟抱怨，指责阮籍这小子实在无礼。谁料嵇康听后，非但不帮他说阮籍的坏话，反而乐颠颠地带着酒、挟着琴，找阮籍玩去了。

按照正统的观念看，嵇康也是够荒唐的，在人家的孝期去找人家喝酒弹琴，不被轰出去都算他运气好。可阮籍偏偏欣赏这样的嵇康，对他"青眼有加"，两个人一拍即合，成了一对乐颠颠的俗世痴狂人。

那么生性孤傲的阮籍，为什么人到中年，却变了呢？或许从他的诗作中，我们可以找到答案。

> 平生少年时，轻薄好弦歌。
>
> 西游咸阳中，赵李相经过。
>
> 娱乐未终极，白日忽蹉跎。
>
> 驱马复来归，反顾望三河。
>
> 黄金百镒尽，资用常苦多。
>
> 北临太行道，失路将如何？

这首诗是阮籍咏怀诗中第五首，单单从字面上理解并不困难。

在人生的少年时代，快乐总是很容易的，这个年纪的我们满脑子都是各种娱乐活动，今天和朋友出门约饭唱歌啦，明天的选秀节目谁拿了总冠军啦……实在没有什么举足轻重的大事，需要一群年轻人来操心，所以我们的心情总是轻盈的，不受拘束的。

这首诗里的"轻薄"是思想肤浅、举止轻率的状态，却并不是一种贬义。就像我们总是会回忆在青春时代做的那些傻事，但能在最好的年纪肆无忌惮地做傻事，本就是一种无上的幸福。

阮籍也是一样，作为中华音乐史上唯一一位以其名命名乐器的著名音乐家阮咸的亲叔叔，阮籍的弹琴水平也非常高，还学习过剑术——"少年学击刺，妙伎过曲城"。懂音乐、会击剑、长得帅、有文化，可想而知，阮籍在少年时代一定是远近闻名的风云人物。这样一位少年，自然是闲不住的，那时的阮籍动不动就往都城跑。去干什么？一来是享受帝都的繁华，二来是与"赵李"这样的友人交游。

"赵李"是谁呢？这是《汉书》中的一个典故，赵季和李款都是汉朝时跟随汉成帝微服出游的小臣。看过《康熙微服私访记》的

阮籍

读者，大抵能想象他俩是什么样的人。他们不一定道德高尚，也不一定有多大的才能，但他们一定是说话有趣、让人相处舒服的人。

阮籍就和这些人一起弹着琴、唱着歌，潇潇洒洒也稀里糊涂地度过了自己的少年时代。忽然，就像是电视一下子被切断了信号，阮籍骤然从美梦中惊醒——原来那无忧无虑的少年时代早就已经终结了，在他还没反应过来的时候，宝贵的时光就这么被蹉跎殆尽了。

比美好时光逝去更痛苦的事情是什么？是在被我们蹉跎的这些时间里，我们已经走上了一条错误的路，错过了许多重要的机遇，有些该抓住的事情，早就从我们的指缝中溜走了。我们策马"复来归"，想回到曾经的原点，想要重走当初的路，却发现这种执着只是刻舟求剑——蹉跎了就是蹉跎了，没办法挽回了。

生活并不像李白的诗中描绘的那么浪漫，"千金散去"后并不会"还复来"。阮籍诗中的境遇，才是我们每个人面对的现实：钱没了，时间晚了，还有一堆烂摊子要收拾。

我们没有办法，只能站在人生的十字路口，问天问地问自己："北临太行道，失路将如何？"既然我已经迷路了，之后的路又该怎么走呢？

这里还有一个隐含的典故。战国的时候，有一个叫季梁的人，看见一个人正坐着车在太行道上向北疾驰。那个人告诉他，自己要去楚国。季良好心提醒那个人楚国在南边，可那人却得意地说："不要紧，我的马好。"

季梁很无奈，说："就算你的马好，可这压根不是去楚国的方向啊。"

那人又说:"没事,我的路费多。"

季梁说:"就算你的路费多,可这不是去楚国的方向啊。"

那人继续说:"没关系,我的车夫水平高。"

季梁苦笑道:"就算你的车夫水平高,可这不是去楚国的方向。你越用力行驶,不就离楚国越远吗?"

这个故事看起来像个笑话,却揭示了现实的无奈。如果我们已经意识到自己走错路了,接下来的方向又该如何选择呢?如果继续走在错路上,那就只会离目的地越来越远,可我们已经不再年轻了,没有那么多青春和激情可以回头,再这么下去,我们即使累死在路旁也走不到终点,这是多么痛苦的事啊!

阮籍的这种焦虑,时至今日,仍在每个人的心中上演,只不过今天我们管它叫"中年危机"。

阮籍也面临着严重的中年危机,但他的中年危机并不像被裁员、脱发这么简单,他所伫立的十字路口,是曹魏和司马氏的分界线,踏错一步就会掉下万丈深渊。

魏晋是一个很特殊的时代,如果说英雄名将大多死在了三国的战场上,那么当时最有才华的文人,便大多倒在了政权更迭的血腥怪圈中。随着曹魏篡汉,一大批忠心于汉朝的名士遭到了无情的杀戮,另一批人为了求生存,抱紧了曹氏的大腿,想方设法往政治中心挤。

这时,也有人给阮籍送去了offer(工作邀请):"高薪事少离家近,

来吗？"

阮籍想都没想就拒绝了："谢邀，不去。"

看到这里，有些朋友可能急得都坐不住了，恨不得冲上去对阮籍说："你不去我去。这么好的就业机会，不大展拳脚，你装什么世外高人呢？"阮籍还真没装，他只是比旁人更加清醒。

阮籍写过一篇《大人先生传》，在文中，他做了一个有点不卫生的比喻："且汝独不见夫虱之处于裈之中乎，逃乎深缝，匿乎坏絮，自以为吉宅也。行不敢离缝际，动不敢出裈裆，自以为得绳墨也。饥则啮人，自以为无穷食也。然炎丘火流，焦邑灭都，群虱死于裈中而不能出。"

在他的心中，那些为利禄蝇营狗苟的人，就像是一群虱子，还不是普通的虱子，而是藏在裤裆里的虱子。他们逃进深缝里，藏在裤裆破烂的丝絮中，自以为找到了完美的安身之所，"行不敢离缝际，动不敢出裈裆"，把执政者推崇的道德礼法作为自己的人格准绳。

可这些人却没有想到，如果有一天整座城市化为火海，他们这群困在裤裆里的虱子该往哪儿逃呢？只能被活活地烧死在里面了。

我们不得不承认，阮籍的焦虑并不是杞人忧天，他是真能想到点子上。

正始十年（公元249年），高平陵之变爆发，权臣曹爽倒台，自此曹魏军政大权完全落入司马氏手中，对名士们的第二轮清洗正式开始。这一次，司马氏做得更加狠辣彻底，几乎将曹魏集团的核心人物全部清剿，无论男女，夷灭三族，何晏、夏侯玄、李丰等名士尽皆被杀。"同日斩戮，名士减半"，处死名单长得看不到头。

而阮籍，则因为三次被曹魏邀请做官，一次拒绝、两次告病回家而得以幸免。

经过此事后，阮籍更加焦虑。

司马氏逼他出山做官，他不想做，但又不敢拒绝。毕竟刀悬在脑袋上，自己死了也就罢了，难不成还要连累整个家族吗？

阮籍不敢赌，最终还是在司马氏的逼迫下，做了步兵校尉。但他的内心是非常矛盾痛苦的，他对自己所处的位置极度不认同，才会"夜阑酒醒，难去忧畏，逶迤伴食，内惭神明"。

这也就是为什么我在前文中说，阮籍才是"竹林七贤"中最像我们这些普通人的。

我们之所以焦虑，是因为我们既没有强大到可以为了理想奋不顾身，也没有坏到可以为了名利不顾一切。

阮籍也一样，他内心柔软，在意、牵挂的人和事太多，注定了他不可能像嵇康那样潇洒勇敢；但他的心中又有着不能让步的人格底线，所以他也做不到像山涛那样，完全投身于司马氏的政治集团。

因此，我们才看到了一个堪称人格分裂的阮籍：他一面沉默地位列朝廷的官员名单中，虚与委蛇；一面徜徉在竹林之中，与嵇康、刘伶等人纵情饮酒长啸。

阮籍

如果说嵇康是巍巍青竹,宁折不弯,阮籍就是竹林中略显柔弱的小草,被风吹得站不稳,但要将它彻底拔起,也没那么容易。

阮籍出任步兵校尉后,司马昭马上瞄准了机会,想要因风吹火,将阮籍彻底收入自己的羽翼之下,用阮籍的名声壮大自己的声势。

他先是派出自己的亲信钟会去套话——没错,就是那个以一言害死嵇康的小人。

钟会是怎么陷害嵇康的呢?他先是在一件小事上,抓住了嵇康所谓的"把柄",而后又利用嵇康拒不出仕这件事,引经据典地向司马昭进言,说嵇康不光不给您效力,还利用自己的影响力,败坏整个天下的风气,让天下名士都和您对着干,您作为朝廷的一把手,怎么能容忍这样的人存在呢?

司马昭一听是这么回事,就将嵇康冤杀了。

但这种手段在阮籍身上却行不通。

因为嵇康不做官,阮籍做了啊,虽然步兵校尉只是个闲职,但明面上,人家并没有得罪司马家。大事做不了文章,那就抓小尾巴吧,可阮籍偏偏是个"口不臧否人物"的人,实在是无隙可寻,因此他们的第二套方案又落空了。

学过《出师表》的人都知道,"臧否"就是褒贬评价他人的意思,诸葛亮就曾要求蜀后主刘禅"陟罚臧否,不宜异同"。

说起来很容易,但生活中几乎没人能做到完全公正地评价他人。阮籍绝口不评价他人,好话坏话都不说,他又不是个哑巴,这需要何等强大的意志力?

司马昭一看"阮嗣宗至慎",是真没办法了,于是他很快又想出了联姻的损招,提出让自己的儿子司马炎娶阮籍的女儿。这个诱饵相当有诱惑力,司马炎是谁?司马昭的嫡长子,未来的皇帝啊。这线要是牵成了,阮籍将来就是皇帝的老丈人,要多风光有多风光。

但这时阮籍的原则性就体现出来了,对于这唾手可得的荣华富贵,他表现出了坚决的排斥态度。但阮籍又是一个小心谨慎的人,所以他并没有公然拒婚,而是选择了喝醉足足六十天,让提亲的人自己知难而退。

许多人看见阮籍酗酒,经常把自己灌得酩酊大醉,就认为他是个纵欲的人。这是不对的,阮籍的醉,是一种非常清醒且有目的的醉,他并不是受欲望裹挟,相反,他用这种方式,压制了许多人难以抗拒的欲望。

当然,这个过程必然是无比痛苦的。

那么阮籍是如何排遣自己心中的痛苦呢?

《晋书》中记载,他时常"率意独驾,不由径路,车迹所穷,辄恸哭而反"。

阮籍酷爱飙车,但他飙车并不追求"速度与激情",更像是现在一些大城市推崇的"city walk"(城市漫步),没有目的地,想往哪儿开往哪儿开,行到哪儿算哪儿,在疾驰的马车内,给自己的灵魂安个家。但路总有走到尽头的时候,每每这时,阮籍不会马上掉头,而是先望着绝路,放声大哭一番。

阮籍

哭的不是掉头费劲，而是这世道与眼前的山路一样"无道"，一样让人绝望。

东汉末年，两汉时期建立的道德秩序出现了显著的瓦解迹象。到了阮籍生活的时代，儒家的伦理纲常从人们心中的准则沦为政治家们桎梏人心，甚至罗织罪名的工具。

这真的很可怕。试想，在一个没有道德的社会，人们该遵循什么来生存？告诉一群奉儒家思想为圭臬的士人们儒家道德已经消亡，和《三体》中告诉顶尖科学家们"物理学不存在了"，引起的彷徨和混乱可能是相似的。

当外界压力过大的时候，人会不由自主地变得麻木盲从。而阮籍放纵不羁的背后，正是对这种惯性的抗争。他宁可疯狂，也不要堕入伸手不见五指的黑暗；宁可喝得酩酊大醉，也不愿变成《庄子》笔下那只被丝绸包裹的神龟，僵死后被关在黑暗的匣子里，供奉于庙堂之上。

阮籍是庄子的信徒，他的咏怀诗中处处有老庄思想的痕迹。庄子写凤凰"非梧桐不止……非醴泉不饮"，阮籍也写凤凰"清朝饮醴泉，日夕栖山冈"，但他的这只凤凰却在秋风中摧挫了羽翼，在这个世间没有落脚之地，只能向昆仑之西飞去。

对于凤凰，阮籍是心怀羡慕的。凤凰厌倦了这个世界，可以西飞，但他作为一个人，又能逃到哪里去呢？没有答案，只能作此穷途之哭。

景元四年（公元263年），也就是友人嵇康被陷害而死的这一年，阮籍接到了一个任务——为司马昭写一篇劝加九锡的"劝进书"。当年曹操就曾经加九锡，而后曹丕篡汉，因此这篇表文的意义不言自明。如果阮籍不写，他就会是下一个嵇康。

在巨大的压力下，阮籍再一次妥协了，他满怀焦虑地提起了笔，违心地用伊尹、周公作比，为司马昭歌功颂德。

其实当时的人们并未把写这篇劝进书当作阮籍的"污点"，因为司马篡魏已如箭在弦上，劝进书谁写不是写？但阮籍却仍在表文的最后，以古代名士"许由""支伯"拒绝尧舜禅让的事迹，委婉地苦劝司马昭不要行差踏错，应当像古人一样功成身退，来保持自身的高洁。其中寄寓的苦心，谁人看不出？

可即便旁人不骂，阮籍依旧过不了自己心里的坎。在写完这篇表文不久，阮籍便因为抑郁忧愤离开了人世。他用自己的生命，为这篇无奈写下的表文画上了一个带血的句点。

直到人生的最后一刻，阮籍依旧没有摆脱内心的焦虑，他还在和自己较劲，但他生命的力量也正在于此。

如果没有这些焦虑，阮籍就不会对世界和人生产生如此深刻的思考，他或许会沦为一个庸碌之人。可一个庸碌之人，又怎么能发出词旨渊永、寄托遥深的"正始之音"呢？

有一句歌词："整天考虑着死的事，一定是因为太过认真地活。"有时候，你会感觉焦虑如影随形，但这并不代表你的内心不够

强大，你可能只是像阮籍一样，对如何活着这件事过于认真了。

"你会焦虑，是因为你还没有完全麻木。"或许，焦虑真的就是人生的常态。但请不要忘了，瓦砾中开出的鲜花才最有生命力。

文/心/诗/语
WENXINSHIYU

《世说新语》里的阮籍

《世说新语·德行·第十五》

晋文王称阮嗣宗至慎,每与之言,言皆玄远,未尝臧否人物。

意译

晋文王司马昭夸赞阮籍为人十分谨慎,每次与他聊天,他说的话都抽象又玄妙,从来没听他褒贬评价过他人。

《世说新语·栖逸·第一》

阮步兵啸,闻数百步。苏门山中,忽有真人,樵伐者咸共传说。阮籍往观,见其人拥膝岩侧;籍登岭就之,箕踞相对。籍商略终古,上陈黄、农玄寂之道,下考三代盛德之美,以问之,仡然不应。复叙有为之教、栖神导气之术以观之,彼犹如前,凝瞩不转。籍因对之长啸。良久,乃笑曰:"可更作。"籍复啸。意尽,退,还半岭许,闻上啾然有声,如

阮籍

数部鼓吹，林谷传响。顾看，乃向人啸也。

意译

阮籍啸叫的声音，百步以外都能听见。这天，苏门山里突然来了个得道真人，砍柴的人都对此人议论纷纷。

阮籍去看，只见此人抱膝坐在山岩上，于是登山去见他。两人两腿张开，不拘礼节地相对而坐。

阮籍见此人不似凡人，便决定考考他。他向此人评说古代的事，上说黄帝、神农时代的玄虚之道，下讲夏商周三代的高尚品德，而对方只是仰着头，默不作声。

阮籍思考片刻，又跟这人讨论儒道及道家养神导气的方法，没想到这人依然双目呆滞，似乎对他说的话完全不感兴趣。阮籍没办法，便对这人长长地啸叫。

过了好一会儿，这人才笑着说："叫得好！再叫一次。"

于是阮籍又长啸一声，兴尽而归。走到半山腰的时候，阮籍听到山顶上响起如器乐齐奏的声音，山林溪谷发出回声。他回头一看，原来是那个人在长啸。

《世说新语·任诞·第二》

阮籍遭母丧，在晋文王坐进酒肉。司隶何曾亦在坐，曰："明公方以孝治天下，而阮籍以重丧，显于公坐饮酒食肉，宜流之海外，以正风教。"文王曰:"嗣宗毁顿如此,君不能共忧之,何谓?且有疾而饮酒食肉,固丧礼也!"籍饮啖不辍,神色自若。

意译

阮籍的母亲去世,他为母亲服丧时,在晋文王司马昭的宴席上喝酒吃肉。司隶校尉何曾也在座,看阮籍不顺眼,对司马昭说:"当今我们国家提倡以孝道治理天下,阮籍服着重丧,却公然在您的宴席上喝酒吃肉,这怎么行呢!您应该把他流放到偏远之地,以正社会风气。"

司马昭不以为然道:"阮籍已经悲伤得损害身体了,你不能和他共忧伤,怎么还说这种话呢?再说,身体不好而饮酒吃肉,这本来就合乎丧礼嘛!"

两人谈论着,阮籍在一旁吃喝不停,神色不变。

《世说新语·任诞·第七》

阮籍嫂尝还家,籍见与别,或讥之。籍曰:"礼岂为我辈设也?"

意译

阮籍的嫂子要回娘家,阮籍去跟她道别。其他人指责阮籍说男女授受不亲,他的行为不符合礼法。阮籍反驳道:"礼法岂是为我这种人所设的?"

阮籍

《世说新语·任诞·第八》

阮公邻家妇有美色，当垆酤酒。

阮与王安丰常从妇饮酒，阮醉，便眠其侧。夫始殊疑之，伺察，终无他意。

意译

阮籍的邻家妇人长得很美，是卖酒的老板娘。阮籍和王戎常到她那里买酒喝，阮籍喝醉了，就睡在那位老板娘身旁。

老板娘的丈夫起初特别怀疑阮籍有不轨之心，偷偷地观察了阮籍很久。没想到阮籍真的只是单纯地买酒喝，喝醉就睡觉，并无其他企图。

《世说新语·任诞·第九》

阮籍当葬母，蒸一肥豚，饮酒二斗，然后临诀，直言"穷矣"！都得一号，因吐血，废顿良久。

意译

阮籍为母亲下葬时，蒸了一只肥猪，喝了两斗酒，之后去跟母亲的遗体诀别。他大呼一句"完了"，哭了一声，呕出鲜血，身体虚弱了许久。

《世说新语·任诞·第十三》

阮浑长成，风气韵度似父，亦欲作达。步兵曰："仲容已预之，卿不得复尔。"

意译

阮籍的儿子阮浑字长成，风采气度都与父亲十分相似。他想学着自己父亲的样子，做一个放荡不羁的名士。阮籍对他说："阮咸已经如此了，你就不要这样做了。"

图书在版编目（CIP）数据

人生是旷野，尽头是自由 / 易轩编著． -- 北京：新世界出版社，2025. 4. -- ISBN 978-7-5104-8090-4

Ⅰ．K820

中国国家版本馆CIP数据核字第2025G0S154号

人生是旷野，尽头是自由

| 作　　者：易轩 |
| 选题策划：七夏 |
| 责任编辑：董晶晶 |
| 执行策划：七夏 |
| 校　　对：宣慧 张杰楠 |
| 装帧设计：吴琪 熊婧怡 |
| 责任印制：王宝根 |
| 出　　版：新世界出版社 |
| 网　　址：http://www.nwp.com.cn |
| 社　　址：北京西城区百万庄大街24号（100037） |
| 发 行 部：(010)6899 5968（电话）　(010)6899 0635（电话） |
| 总 编 室：(010)6899 5424（电话）　(010)6832 6679（传真） |
| 版 权 部：+8610 6899 6306（电话）　nwpcd@sina.com（电邮） |
| 印　　刷：武汉鸿印社科技有限公司 |
| 经　　销：新华书店 |
| 开　　本：889mm×1230mm 1/32　尺　　寸：145mm×210mm |
| 字　　数：185千字　印　　张：7.75 |
| 版　　次：2025年4月第1版　2025年4月第1次印刷 |
| 书　　号：ISBN 978-7-5104-8090-4 |
| 定　　价：42.80元 |

版权所有，侵权必究

凡购本社图书，如有缺页、倒页、脱页等印装错误，可随时退换。

客服电话：(010)6899 8638